I0829978

LA RAZÓN INDIVIDUAL
Y EL INDIVIDUALISMO SOCIALISTA

FERNANDO LLES Y BERDAYES

LA RAZÓN INDIVIDUAL
Y EL INDIVIDUALISMO SOCIALISTA
ENSAYOS SOBRE LOS PROBLEMAS
DE LA CONCIENCIA CONTEMPORÁNEA

Prólogo de Ángel Velázquez Callejas

Ediciones Exodus

La razón individual y el individualismo socialista.
Ensayos sobre los problemas de la conciencia contemporánea
Fernando Lles y Berdayes (1883-1949)

© Prólogo de Ángel Velázquez Callejas
Primera edición: enero de 2019
© De la presente edición: Ediciones Exodus, 2019
   Editor: Ángel Velázquez Callejas
   Dirección de arte: Roger Castillejo Olán

Ensayo de Filosofía Política
Sin licencia del decreto 349
© Textos tomados de LOS LIBROS *El individualismo. Ensayo sobre el instinto y la conciencia* (1926), Individualismo, *socialismo y comunismo. Los problemas de la conciencia Contemporánea* (1932) y El *individuo, la sociedad y el Estado* (1934)

Libro publicado con la colaboración del

Instituto Cubano de Ciencias Culturales de la Diáspora

ISBN: 978-17-9549-943-9

Sumario

Prólogo 9

Individualismo, socialismo y comunismo 21
  Del ser y del querer 21
  Perspectivismo naturalista 23
  Moral socrática y marxismo 28
  Crítica al mesianismo de Medardo Vitier 33
  Aspiraciones individualistas 35
  Libertad de conciencia (liberalidad) 37
  El Estado, el individuo y el colectivismo 41
  Modos políticos 43
  La voluntad de poder 48
  Resumiendo 55

El individuo, la sociedad y el estado 63
  Introducción 63
  La edad de la cultura 65
  La naturaleza moral 68
  Psicología e individuo 73
  Consideraciones finales 75

El fracaso del capitalismo 81
  La crisis 81

Capital vs trabajo.. 83
El Estado... 86
Remedios... 89

Individualismo... 107
Definiciones 107
Cuestiones que considerar 110
Remedios aplicables 110
Socialismo utópico 112

Los valores del individualismo socialista 115
El problema 115
El pluralismo 118
Individualismo colectivista 120
Conclusiones.. 123

Datos biográficos 132

Advertencia al lector:
Tanto el título así como la estructura del libro son parte del trabajo realizado por el editor. En los ensayos originales de Fernando Lles no parecen tales divisiones por temas, capítulos y epígrafes. Esta estructura expositiva se ha incorporado a la presente edición con la finalidad de facilitar la lectura y brindar una mayor coherencia a los hechos y datos expuestos.

Prólogo

…el próximo destino social y político del hombre, está en un sistema que concilie la razón y el interés del individuo, con la razón y el interés plural de la sociedad.
Fernando Lles

Sin duda, el nombre de Fernando Lles (1883-1949) aparece en la lista (elaborada por mi) de los 10 más destacados pensadores de Cuba. Por ser un «escritor dinamita», sus contemporáneos lo borraron del imaginario intelectual. Escribió versos, ensayos filosóficos y de FILOSOFÍA POLÍTICA con un marcado carácter nietzscheano. El *instinto* y la *voluntad de poder* constituyen dos poderosas armas de la elaboración de sus ensayos. Se enfrascó durante más de 20 años en una investigación sobre el INDIVIDUALISMO, produciendo tres textos de connotación universal y local: *El individualismo y la relación con las formas políticas de Estado.*

Un ferviente defensor de los valores del individualismo, de la libertad individual, creyó que su objetivación no terminaba en el capitalismo, sino que se transformaría en INDIVIDUALISMO SOCIALISTA. Anticomunista por naturaleza, de dónde Lles saca la tesis del INDIVIDUALISMO SOCIALISTA, idea que llamó la atención al poeta Gastón Baquero. Para Fernando Lles, en plena década de fascismo, militarismo, totalitarismo, stalinismo, el capitalismo podía superarse así mismo, dejar atrás el período de inestabilidad social mediante un MESIA-NISMO PLURALISTA. Nadie mejor que Lles había soñado con lo *imposible*, intentando abrir la puerta a la hermenéutica del sueño de la filosofía política: la de una sociedad plural compensatoria con el individualismo que da y no quita.

Un panorama no estudiado en el primer tercio del siglo XX sobre la interpretación de la politización en autores como Alberto Lamar Schmeyer y Fernando Lles alcanzan niveles sin precedentes en la historia de las ideas en Cuba. En resumen, sería escandaloso mencionar el hecho de que ambos autores, sobre todo Lamar, eran de la *derecha política* y apoyaron la dictadura de Machado. Por supuesto Lamar era un machadista a su manera, a la manera de un *hombre superior*, un pensador que doblaba todas las realidades del mundo y luego fingía hablar ontológicamente sobre la situación del patriotismo cubano y del fatídico destino político que Machado reconociera en la revolución del 30.

No es que Lamar fuera un pensador político irrespon-sable. Es que su pensamiento al encontrarse con el tiempo histórico y la crisis colectiva del patriotismo llegó al fondo del espíritu de la época, a diagnosticar como Baudelaire el *monstro gentil*, el estado mental de la época: la *abulia*. Quien lea su novela *La roca de patmos* habrá de entender lo que estamos aduciendo. El patriotismo no era patriótico sino *displicencia*, por lo que se convirtió en fuerza para la socialdemocracia. Es decir, el aburrimiento habitual de que realmente se alimentaba profundamente al patriotismo constituye la forma original de un *colectivo* que, en cierta forma, se concretaba bajo el nombre histórico de *nacional-socialismo*. Lamar contradecía eso, por lo que decidió aliarse a la dictadura de Machado, al tradicionalismo en parte colonial en parte poscolonial, para recabar ayuda y oponerse intelectualmente a lo que después del derrocamiento de régimen dictatorial se vertebró en la isla como tendencia políticamente predominante: una intelectualidad plegada de *socialdemocrasismo* en vista al destino.

La recuperación de obras de intelectuales cubanos que de una forma u otra manejan el tema del *existencialismo de la pesadez* y proporcionan atisbos para entender los intríngulis de la formación *colectiva* de las masas. Lamentablemente, en el caso cubano no se destacan investigadores e intelectuales políticos que se interesen en la investigación del tema. Una limitación como esta conduce a apartar la vista de lo real: si en el siglo XIX fue una primorosa deformidad dantesca, en el siglo XX y lo que va del XXI servirá de un feroz esperpento de masas.

Aplazo para otra ocasión el estudio integral de la obra filosófica y poética de Fernando Lles y me concentro, según la tarea de la filosofía *política*, en el contenido concreto del análisis del *individuo*, el *individualismo* y el *Estado*. Entre las décadas de 1920 y 1930, Lles publicó tres ensayos, mediante los cuales examinó la relación del *individualismo* con las nuevas formas políticas del Estado capitalista y socialista. Las tareas de esos estudios la impusieron ciertos impulsos de la obra de Nietzsche sobre el *instinto, la moral* y la *voluntad de poder* durante un debate en torno a la eficaz tarea del *socialismo*, que sostuviera en 1926 con unos de sus amigos de época, el filósofo Medardo Vitier. En esta introducción pretendo brevemente exponer en contexto, dos puntos cardinales del pensamiento de Fernando Lles, poco hollado por la crítica republicana y por las reseñas de los *humanistas marxistas* posteriores a 1959: *crítica a la razón individual* y teoría acerca del *individualismo socialista*.

Para entender esta parte de la obra de Lles, habría que repasar su obra filosófica, la cual estuvo dedicada en gran parte al pensamiento griego antiguo. Pero este no sería el lugar ni el propósito. De entrada, nos gustaría examinar el pensamiento de un hombre, cuya formación fue auto-didacta, pero con una sobrada lectura plural en aquellos tiempos. Lles se auto denominaba *liberal* y anticomunista. Su deliberada concepción de que la sociedad debía transitar hacia el INDIVIDUALISMO SOCIALISTA lo ubica en una tradición del proyecto de *liberalidad* en tanto separado del conservadurismo liberal. Al respecto dice:

> *Son viejos liberales los que conocen, en efecto, que es intangible, que es sagrado todo cuanto corresponde al derecho constitucional de un pueblo. Reformar esa ley básica de otro modo que no sea precisamente y lealmente por el que en esa misma ley se establece, constituye un peligro de total derrumbamiento de las libertades públicas, porque los derechos ciudadanos no tienen otro resguardo ni otra garantía que los que se le reconocen a una nación en la fuerza obligatoria de su Carta fundamental.*

No es tan complejo entender en qué consiste el INDIVIDUA-LISMO SOCIALISTA si partimos de la estructura confirmativa de los sistemas parciales de la sociedad. Unos años antes de morir, el escritor Gastón Baquero dejó testimonio de que andaba interesado en estudiar la figura de Fernando Lles, poeta, filósofo, ensayista, olvidado por la tradición del pensamiento cubano. En una entrevista concedida por Baquero a Laura Ruiz Monte en 1997, el poeta expreso:

Estoy haciendo un trabajo sobre alguien a quien ustedes los matanceros tienen olvidado, escribo sobre Fernando Lles.

Las observaciones de Baquero se dirigían fundamentalmente a desentrañar la visión política e intelectual del autor de *Individualismo, socialismo y comunismo: los problemas de la conciencia* que publicara en una editorial local matancera en 1934. El libro de Baquero sobre Lles nunca —que sepamos— se ha publicado. Pero las intuiciones baqueranas, según diferentes textos y entrevistas, apuntan a hacia una *contrapartida* al pensamiento patriótico independentista de la nación cubana. Indudablemente Baquero, colaborador del periódico de la *derecha* cubana *Diario de la Marina*, no dejaba de pensar y descubrir en la obra ensayística de Fernando Lles la formación de un pensamiento de derecha.

Las intuiciones desarrolladas sobre un autor *sui generis*, que apostaba por una sociedad individualista y predominantemente institucionalizada por la propiedad privada, se revelan en Baquero a partir de la lectura del folleto titulado *El pensamiento de Fernando Lles*, publicado por José Nodarse (amigo de Fernando) en 1939. Cuando hablemos de la República de Cuba (1902-1958), no podemos dejar de mencionar la obra de Fernando Lles, en tanto no podemos soslayar su anticomunismo.

Como se dijo arriba, Lles publicó en 1934 un libro que merece ser leído por todos: *Individualismo, socialismo y comunismo: los problemas de la conciencia contemporánea.*

Pero antes, en 1926, había editado *El individualismo: ensayo sobre el instinto y la conciencia*. En él hablaba de la instauración de una república donde predominara la competitividad y el rendimiento de los dirigentes más idóneos, más capaces e inteligentes. En *La sombra de Heráclito*, libro publicado en 1923, deja entrever cierto pesimismo en torno a la política administrativa en la República patriótica y propone:

1. La creación de instituciones funcionales y territoriales con el objetivo de descentralizar el Estado y sus poderes
2. Un sistema *pluralista* que permitiría salvaguardar la inserción del poder del individuo en la sociedad
3. Negaba el papel rector de la *democracia* en la formación de la república.

«Examina el contrato social subsistente bajo todos sus aspectos y verás como no hay ni pequeño ni grande egoísmo o necesidad que no se disfrace con el nombre de algo trascendente, religioso, metafísico, subjetivo, digno para ti de hondas e indocumentadas veneraciones». La obra de Lles pudiera ser considerada el primer intento de la ascetología en Cuba. De modo que, tenemos un pensamiento sobre el *egoísmo* en Cuba sin dilucidad a fondo. Más que una historia del poder en Cuba de clases sociales, a Lles le interesaba el poder como *disciplinamiento*: una república para egoístas.

De formación autodidacta, Lles nació en Matanza en 1883 y murió en 1949 mediados del xx. Poeta, sociólogo y filósofo, fue uno de los poquísimos en abrazar el pensamiento del autor de *Así habló Zaratustra*. En uno de sus libros dice: *la esencia humana está determinada por el egoísmo y la ambición, como elementos innatos.*

En el discurso de ingreso como miembro de número a la Academia Nacional de Arte y Letras en 1926, Carlos Loviera presentó en su defensa el texto *Un gran ensayista cubano: Fernando Lles*. En ese documento el autor de *Generales y doctores* escribió lo siguiente:

> *He leído los libros de Lles, releyendo el primero de ellos hasta tres veces. He penetrado en la médula, por decirlo así, de esa obra de fuerte sabor trágico y he revivido con el ensayista cubano el largo proceso de la angustia humana sobre el mundo. Porque esa obra ha despertado en mi espíritu el eco de pensamientos liberal ya algo remotos, que fueron míos y de un grupo de amigos investigadores, de camaradas de cenáculo, que la vida ha regado por ahí; pensamientos sobre cuya conmovedora génesis pasó más de una vez, desconcertada, la ansiedad de mi mente y se agitó con violencia mi juvenil corazón.*

Ni fundó ni perteneció a ningún *partido de derecha*, pero por lo que su pensamiento expresa, Fernando Lles debe ser catalogado *liberal de derecha* y precursor del movimiento de derechas el cual funcionó en los márgenes de la política en Cuba. Quién es el filósofo más destacado del periodo republicano en Cuba, me preguntó Euclides Rosalba hace un par de días como si yo todo lo supiera. No lo sé —respondí—; solo sé que hay varios destacados. Pero de súbito, se me ocurrió mencionar a Medardo Vitier, el autor de *Las ideas en Cuba* y *La filosofía en Cuba*, secundado por otros con notoriedades públicas como Roberto Agramonte, Rafael García Bárcena y Humberto Piñera.

Al final del *súbito*, apareció en la MIRADA OBLICUA, en el firmamento y la lejanía como era de esperar, una estrella solitaria, una presencia *hipertélica*: Fernando Lles y Berdayes. Un filósofo de Matanzas, que renegaba del positivismo filosófico de su época y que se interesaba por la filosofía como medio para transformar la conciencia del hombre. En 1926 publicó el libro *El individualismo: ensayos sobre el instinto y la conciencia*. Pero fue en 1932 cuando la cosa tomó otro derrotero; publicó el libro que lo llevaría a la tumba del ostracismo intelectual: *Individualismo, socialismo y comunismo. Los problemas de la conciencia contemporánea*.

Si, —mi querido Euclides— ahora lo recuerdo: para mi Fernando Lles es el filósofo más significativo de la era republicana en Cuba.

Ángel VELÁZQUEZ CALLEJAS

Bibliografía Activa

LLES, FERNANDO: *La higuera de Timón*. Consejos al pequeño Antonio, Imprenta Casas y Mercado, Matanzas, 1921.

——: *La metafísica en el arte*. Imprenta Casas y Mercado, Matanzas, 1922.

——: *La sombra de Heráclito*. Imprenta El Siglo XX, La Habana, 1923.

——: *La escudilla de Diógenes. Etopeya del cínico*, Editorial Nueva Novela, La Habana, 1924.

——: *El individualismo. Ensayo sobre el instinto y la conciencia*. Matanzas, s/e., 1926.

——: *Individualismo, socialismo y comunismo. Los problemas de la conciencia Contemporánea*. Cuadernos de Cultura, La Habana, 1932.

——: *El individuo, la sociedad y el Estado*. La Habana, Editorial Cultural S.A., 1934.

——: *Conferencias*. Imprenta Casas y Mercado, Matanzas, 1944.

Bibliografía Pasiva

ACOSTA, Agustín: "Fernando Lles, poeta". En: *Revista Cubana*, La Habana, julio-diciembre, 1950.

CASAÑA, Mirta: "La filosofía en la obra de Fernando Lles y Berdayes". En: *Revista de la Biblioteca Nacional José Martí*, enero-junio, 1993

GARCÍA, Federico: "La sombra de Heráclito, por Fernando Lles". En: *El Fígaro*, La Habana, 18 de noviembre de 1923.

GRISMER, Aymond y Manuel RODRÍGUEZ Y SAAVEDRA: "Fernando Lles y Berdayes". En: *Vida y obra de autores cubanos*. Editorial Alfa, La Habana, 1940, t. 1.

LAVIÉ, Nemesio: "La obra de un ensayista cubano. Fernando Lles". En: *Diario de la Marina*, La Habana, 29 de mayo de 1927.

LIZASO, Félix y José Antonio FERNÁNDEZ DE CASTRO: "Fernando y Francisco Lles". En: *La poesía moderna en Cuba (1882-1925)*, Librería y Casa Editorial Hernando, Madrid, 1926.

Loveira, Carlos: "Otro libro de Fernando Lles. La escudilla de Diógenes". En: *El Fígaro*, La Habana, enero de 1925.

——: "Un gran ensayista cubano, Fernando Lles". En: *Discurso de ingreso como miembro de número de la Sección de literatura*, Academia Nacional de Artes y Letras (Cuba), Habana, Imprenta El Siglo XX, 1926.

Martínez Bosch, M.: "La higuera de Timón". En: *España Nueva*, La Habana, 30 de abril de 1922.

Nadarse, José: *El pensamiento de Fernando Lles.* Editorial Cultural, La Habana, 1934.

——: "La filosofía social y política de Lles". En: *Revista Cubana*, La Habana, julio-diciembre de 1950.

Páez, Alfonso: "A propósito de la conferencia de Fernando Lles sobre individualismo, socialismo y comunismo". En: *Revista Universidad de La Habana.*, La Habana julio-agosto de 1934.

Ramos, José Antonio: "La sombra de Heráclito". En: *El Fígaro*, La Habana, 15 de marzo de 1925.

Rodríguez, Luis: "Nota bibliográfica de Fernando Lles y Berdayes". En: *Revista Cubana*, La Habana, julio-diciembre de 1950.

Rojas, Miguel: "Materialismo versus idealismo I. El materialismo de Lles". En: *Periódico Escambray*, Sancti Spíritus, 19 de enero de 1987.

——: "El naturalismo ateísta de Fernando Lles". En: *El pensamiento filosófico en Cuba en el siglo XX: 1900-1960*, 2da. ed., Editorial Félix Varela, La Habana, 1998.

——: "Fernando Lles Berdayes". En: *El pensamiento latinoamericano del siglo XX ante la condición humana,* versión digital, 2003. Pag 105- 119.

——: "Humanismo y critica en la filosofía de Fernando Lles Berdayes". En: *Isla,* 51, abril-junio, 2019. Pag. 117-130.

Russinyol, José: "Fernando Lles: el hombre y el medio". En: *Revista Cubana*, La Habana, julio-diciembre de 1950.

TEJERA, Diego: "La higuera de Timón". En: *El Fígaro*, La Habana, 9 de abril de 1922.

VALDÉS, Mario: Cuba: "El socialismo en las visiones contrapuestas de Medardo Vitier y Fernando Lles". En: *Sin permiso*, diario digital, 16-10-2017.

VITIER, Medardo: "Más sobre La higuera de Timón". En: *El Fígaro*, La Habana, 21 de enero de 1923.

——: "Fernando Lles": En: *Valoraciones I*, Universidad Central de Las Villas, Santa Clara, 1960.

Individualismo, socialismo y comunismo[*]

Del ser y del querer

La psicología moderna estudia a la luz de los principios perfectamente opuestos entre sí, los factores de relación ética y sociológica del hombre sobre el mundo, respondiendo a estas dos perspectivas, antípodas en su misma raíz, de inicial oposición crítica y filosófica en sus propios orígenes, toma cada una de ellas un camino distinto para arribar a una meta que constituye la aspiración común de los hombres, desde los más lejanos tiempos de la *Protohistoria* y de la *Historia*, o sea, la aspiración a un mayor y más extenso grado de felicidad, de bienestar y de progreso de la especie humana.

Estos principios, sobre los cuales es preciso fijar la atención de una manera preferente, atribuyen al espíritu del hombre dos modos diversos de *SER* y de *QUERER*, uno por cada caso, o sea, por cada una de las dos grandes corrientes de dirección opuesta que arrastran en sus cauces seculares a los factores del pensamiento realizado, de la conducta que constituye más tarde el hecho histórico y social del

---

[*] Nota del Editor: Los textos que se publican en este libro de la obra de Fernando Lles son fieles a su escritura, estilo, sintaxis y ortografía.

sentimiento y del pensamiento humanos, en sus dos formas originarias de actividad filosófica.

Es preciso insistir en determinar claramente cuáles son las diferencias esenciales de esos principios, para que todo hombre tenga ante sí el medio inmediato y adecuado de conocimiento que lo decida por uno o por otro, según que predomine en su temperamento un factor sentimental, emotivo, místico, en una palabra, o simplemente utilitario, intelectual y agnóstico, por oposición al primero.

Trataré, por consiguiente, de expresar con el menor número de dificultad, para hacerme comprender, *QUÉ ES Y EN QUÉ* consiste esa sustancial diferencia de criterio que divide en dos grandes porciones de conducta, de convicción y de conciencia al pensamiento humano, sin entrar, por ahora, en los distingos secundarios en que se escinden o se dividen luego, a su vez, cada una de estas dos esenciales actitudes. Estamos, pues, frente a la gran cuestión de los orígenes que se refieren a la dirección histórica que ha seguido la conducta humana en dos grandes períodos o procesos, o sea: antes de Sócrates y después de Sócrates.

En efecto, a los que mantenemos una suerte de principio *antisocrático* y a los que sustentan el credo ético esencial de este filósofo, nos divide el alcance de un terrible y permanente dilema de elemental psicología. «El hombre es moral por naturaleza», dijo Sócrates. El hombre no es moral ni inmoral por naturaleza, es hombre, decimos nosotros. ¡No hay medio, no hay modo de armonizar, de conciliar esta antítesis, esta esencial, sustancial oposición de criterios! Para Sócrates y para la gran porción de la sociología que se deriva del sistema de aquél, es cosa incuestionable que el hombre nace virtuoso, y a partir de esta presunción, se elaboran las doctrinas que caracterizan y predeterminan las actitudes de pensamiento y de acción de esta suerte de filosofía moral, que abarca, en un enorme ciclo ético, desde las prédicas sociales y trascendentales del mesianismo cristiano hasta las doctrinas igualitarias y redentoristas del socialismo de Tolstoi o de Fernando del Río. De suerte que el socialismo de este género, fundado en la creencia de la condición virtuosa del espíritu del hombre, admite sin previo examen de esta fundamental circunstancia la posibilidad de un *status* moral, universal y permanente de la conciencia humana, que elimine los factores de desigualdad, propios de los elementos humanos en lucha, en aras de ese principio trascendente de equidad y de ética, es decir: por la virtud de un imperativo moral que fuerce al hombre mejor preparado para el triunfo individual a no excederse en el empleo de sus aptitudes naturales, en provecho propio y con mengua del conjunto de los débiles, de los mal preparados para sobresalir en el medio.

Perspectivismo naturalista

En oposición a esta creencia y a esta doctrina, el *individualismo*, que informa la otra enorme porción de la corriente contemporánea del pensamiento, sostiene el criterio, que pudiera llamarse *biológico*, de la amoralidad, de la falta absoluta de moral, en las inclinaciones del instinto y de su máxima expresión histórica, que es el conocimiento y la conducta del hombre.

Por un largo rodeo, a través de una presunción gratuita, en la universalización o catolicismo del concepto —gratuita porque éste no se mantiene de veras, sino en verdades de excepción—, los partidarios socráticos de la virtud innata del hombre se encuentran al final de su ruta en la misma meta de aspiración ideológica que antes alcanzaran sus antagonistas por el camino opuesto. Las diversas vías no constituyen en realidad otra cosa que una diferencia esencial de método. Lo que cada uno cree, en oposición al otro, es lo que los distingue, y también lo que cada uno espera de los resultados de su credo. Para el *redentorista*, para el *mesiánico*, para el hombre *emocional* de temperamento místico, el ideal de la equidad —de la igualdad más bien, porque eso es lo que en último resultado se persigue—, debe realizarse sin violencia de ningún género, y por la propia virtud de la virtud connatural del hombre, predicada constantemente. Así culminará, según ellos, el esfuerzo en el *socialismo*, por ejemplo, en la creación del *Estado paternal* que tenga a su cargo una estricta equidad distributiva, en un orden moral perfecto.

Pero el *individualismo* de cierta índole, confesando que hay verdades de excepción, temperamentos humanos, piadosos, altruistas, constructivos por ese propio camino, no espera que los ejemplos de estas excepciones lleguen a constituir nunca un modelo universal para reglas de la conducta humana. No espera eso y cree contrariamente que, analizado el hombre en conjunto, en su pasado y en su presente, no ha prestado ocasión jamás para inferir de sus actividades y de sus hechos, un mínimum siquiera de equidad instintiva, temperamental, de fuerza obligatoria, en último resultado, por consiguiente. No espera que sobrevenga de ahí ni por ahí el progreso moral equitativo a que aspiramos todos, aunque por diversos caminos, y ante la opinión socrática que se decide por la virtud innata del hombre, mantiene el criterio opuesto, o sea: el hombre no es virtuoso o moral por naturaleza, sino que viene a serlo y llega a serlo forzosamente, por universal conveniencia.

Se tiene erróneamente entendido que, en sociología, por ejemplo, sólo se llega a medidas de equidad, a partir de lo que propugna por su largo camino de rodeos la esencia del pensamiento socrático, pero la realidad histórica es otra evidentemente, por lo menos en nuestros días. El hombre es ahora un *sujeto de razón*, como fue en otras épocas un sujeto de fe. La primera es la que mueve en nuestros días todos los hilos de la trama social. La segunda tuvo su época que se agotó en absoluto, que se extinguió en el tiempo, tal vez para siempre, y tanto como es constructiva la razón en nuestra época, es negativa la fe por su sentido inverso, por el largo rodeo de su fatigoso camino. Y es precisamente en el socialismo, cuyas tendencias modernas señaló tan magistralmente en memorable y reciente ocasión mi compatriota el doctor Medardo Vitier, donde se evidencian con mayor relieve las características propias de las tendencias encontradas que siguen la fe y la razón en sus rutas para llegar a la conquista de lo equitativo, o de lo que puede considerar justo en cierta medida, un individualista de mi modesta y revolucionaria escuela, o un altruista socrático y excepcionalmente talentoso, como el doctor Vitier. Es ahí, precisamente, donde hallamos el más claro distingo que mide la eficacia del método lógico y su vía más corta, ante el camino que escogen las dos tendencias más conocidas y populares del socialismo contemporáneo, o sea ni las del empírico Carlos Marx y las del apostólico Tolstoi, por ejemplo.

Dista una de otra, en efecto, lo que la razón dista del sentimiento. La primera, que es antisocrática en su moral de clase, no espera obtener resultado práctico de ningún género apelando a los sentimientos piadosos de la burguesía universal, y plantea entonces, por medio de los elementos de fuerza de que dispone, una cuestión de equidad. Su lucha tiende a inscribir en códigos permanentes una ley que reconozca al proletario, desde el derecho a un más amplio, decoroso y progresivo medio de vida, hasta el de regir, sin excepción, los destinos del mundo. Aspira a implantar, en su política de clase, un régimen de autoridad proletaria, de un carácter absolutamente despótico, que confronta, en el vértice humano, instintivo, biológico y natural de la especie, con el modo que es ahora propio del sistema del capitalismo individualista.

Y este marxismo, vencedor por su propia naturaleza agresiva, no es otra cosa que una culminación práctica de todas las potencias sentimentales y lógicas que se han movido hasta ahora a favor de una renovación del sistema social, persiguiendo un mayor número de ventajas equitativas para las muchedumbres humanas. Utilizó y utiliza el margen dinámico de pasión que indefectiblemente tiene una teoría *tolstoiana,* por ejemplo, y transforma de continuo en hechos jurídicos y en positivas y naturales beligerancias, que ha sido preciso reconocerle, cuanto perteneció a una teoría sentimental y de fe de remoto origen, y cuanto ahora se considera como enseñanza contemporánea, producto de la experiencia y de la razón.

Un *individualista* avisado debe colocarse, necesariamente, en estas circunstancias, en una posición equidistante del espíritu de clase que anima en sus luchas al proletariado universal y a la burguesía que se defiende o que ataca.

Si debemos reconocer en los primeros un principio de equidad y de necesidad imprescindible, al exigir el derecho a participar en una mayor medida del producto de los bienes humanos que ellos elaboran, no podemos, empero, reconocer que les asiste el mismo universal derecho para regir los destinos del mundo, a base del estrecho credo de clase que profesan.

Y es a este camino erróneo, precisamente, a donde puede llevarnos el sentimiento redentorista, el concepto tolstoiano de la piedad, el credo socrático y evangélico de los espíritus *polidimensionales*, o inagotables en cristiana virtud, como el de mi noble amigo doctor Medardo Vitier.

No siendo posible convertir el mundo moderno en un inmenso taller de manufacturas, la moral del hombre contemporáneo no puede estar constituida tampoco por el estrecho criterio ético, jurídico, artístico, filosófico que mantiene para su gobierno y para llenar las necesidades de su mente y de la porción emocional de su psicología, un obrero afiliado a la Tercera Internacional de Moscú. Es precisamente característica deplorable del hombre dogmático y gregario de cualquier escuela la de imponer a su antojo inquisitoriales disciplinas escolásticas. El índice de tolerancia, de capacidad y de universalidad, que arrojan los sectarios de todos los órdenes y de todas las categorías, no es el más apropiado para que en él se funde fa más leve esperanza de provecho y de progreso para la ubre desenvolvimiento de la conciencia de la libertad en el hombre, al extremo de llevarnos a remachar los eslabones de nuestra propia cadena, puede conducirnos un mal encaminado juicio de ¡as virtudes innatas de la especie.

Creemos erróneamente que la moral y la equidad sólo pueden residir en la práctica de una sociología o de un sistema sociológico que permita, en universal escala, el libre desenvolvimiento de las presuntas o sedicentes virtudes naturales del hombre. Pretendemos que ese sistema no puede ser otro que el de un *comunismo humano*. No vemos lo que el imprescindible método gremial hace descender en conjunto, las libres iniciativas, las libres aspiraciones. Supeditamos a un principio de ética emocional o apostólica, los dictados de la lógica, de la experiencia y de la razón, y creemos que el milagro biológico de la igualdad humana debe producirse, necesariamente, ya en el imperio del Estado comunal o ya bajo el patriarcal Estado de cualquier utópica teoría socialista. En ambos casos los pensadores sentimentales de buena fe parten del supuesto de una ingénita conciencia moral que vive en el espíritu del hombre, y que no ha hallado aún extenso, prolongado medio de producirse.

Moral socrática y marxismo

Creo que, en estas circunstancias, se olvidan de un modo lamentable los diversos ensayos históricos que desde remotos días ha puesto en práctica el hombre, con semejantes fines. Se olvida esto y los reiterados fracasos que esta doctrina sentimental ha sufrido a través del tiempo, y no se cuenta con los que sufrirá en el futuro por vía de esa propia enseñanza.

Ya vio todo esto con una claridad meridiana V. Lenin. Se ha dicho de él que fue un sectario asiático, lleno de orientales prejuicios religiosos, y no es cierta semejante afirmación, sino de un modo muy relativo, porque en la psicología de Lenin, no fue por cierto el factor emocional o sentimental el factor decisivo de su conducta. No creyó él, al instituir su Gobierno, que había fundado ya el reino de la Arcadia o el Paraíso de los bienaventurados de la tierra. Sabía, eso sí, que había aparecido sobre el mundo una nueva forma de poder, y a robustecer la eficacia de esta fuerza dedicó todas sus energías de un modo absolutamente occidental, *marxiano*, positivo.

Pegó duro y de firme sobre todo aquello que pudo constituir la sombra de una contradicción, respecto del comunismo proletario. Sobre la ciencia, porque se permite negar la igualdad de las cualidades biológicas del hombre; sobre el arte, por la fiera independencia de su carácter irreductible; sobre la filosofía, porque no acepta a ojos cerrados los principios de un escolasticismo gremial. Pero Lenin no procedió así por espíritu sectario, sino por utilitarista espíritu de clase, y como en modo alguno creía en la virtud ingénita del hombre ni en que el sistema de gobierno implantado en Rusia, constituyera al cabo el Estado ideal donde debían realizarse, de un modo indefectible, los imperativos naturales de la moral socrática, aplicó de manera inexorable los principios de ética de clase de su credo, de la voluntad de ser y de poder de éste, por medio de la fuerza que representa desde los comienzos la formidable organización del Ejército Rojo.

En el momento actual, estas circunstancias han variado mucho en Rusia, porque la ciencia, en su modo técnico y absolutamente utilitario, viene alcanzando allí una decidida protección, pero se prohíbe en cambio toda expansión de origen emocional que exalte las potencias sentimentales del espíritu humano.

Firmes ya los cimientos del comunismo y asegurada la vida política de éste, los comunistas se declaran enemigos irreconciliables del principio emotivo que hizo posible el triunfo de su causa, porque ya allí no necesitan ese factor, y condenan severamente todas estas manifestaciones de origen sentimental, hasta en el arte, inclusive. A tal punto llevan su severidad en este extremo, que en Rusia está prohibida la circulación de todo libro donde figure el nombre de Dios.

No quiero recordar, para no apartarme del tema que vengo desarrollando, que el Estado comunista en Rusia ha tenido que transigir, aun restableciéndolas, y para no perecer, con muchas formas que son propias del individualismo capitalista de Europa y de América. Se está allí, como en todas partes, dentro del eterno círculo de acción de la conducta humana, que se mueve en él ante la perpetua disyuntiva de un disentimiento, aunque con una actitud empírica, en el proceso de los hechos.

Parece oportuno volver a tomar aquí el tema del valor o del error de la moral socrática que quise desenvolver en primer término. Es hora de constatar si es posible que se mantenga sin perjuicio, aun para aquellos mismos que lo consideran salvador y humano. En realidad, hemos visto que no tiene aplicación práctica. Es un rodeo, un largo rodeo que no conduce a ninguna meta humana. Sus apóstoles, admirables y denodados, ignoran que el catecúmeno de sus credos construye inmediatamente con lo que fue amor, desprendimiento y dinamismo constructivo de pasión, no lo que ellos quisieron edificar, no, por cierto, sino precisamente lo contrario, pero también lo razonable, lo lógico. Caen en esto las multitudes, porque no hay estado de moral propio de la naturaleza del hombre, y entonces exigen en justicia algo más, bastante más de lo que en justicia les pertenece: una guillotina para segar las cabezas que rebasan las tallas del conjunto y una trompeta bélica para entonar a sus acordes la letra de la Carmañola.

El credo altísimo, la piedad desbordada de la emoción mesiánica que anunciara maravillosos días de quietud y de amor para el espíritu del hombre, culminan de este modo en el terrible contraste del triunfo de una ideal que establece sobre la tierra, a filo de cuchilla, la igualdad entre los ciudadanos, la igualdad mental, inclusive. Lo que tal igualdad supone, vista desde un plano de reflexiva contemplación, no hay para qué recomendarlo a la consideración de los agentes. Negado el derecho a toda iniciativa individual de orden consciente, porque estas iniciativas implican de hecho un peligro para la estabilidad de las doctrinas comunistas, la nueva confesión impone a las conciencias, en nombre de una imposible igualdad, el silencio que se impuso en los días de la Edad Media, con el nombre de Dios.

Y cuando se ha realizado en lo humano el hecho empírico de un enunciado evangélico, el mismo apóstol ha de callar por la fuerza. Se repite entonces la exclamación de los días bíblicos: «¡Jerusalén! ¡Jerusalén! ¿Qué has hecho de tus profetas?», pregunta la Historia a través de los siglos.

A eso conduce el camino del largo rodeo, a eso y a la tremenda injusticia de mutilar la libertad de la conciencia y la posibilidad del progreso humano, en nombre del progreso de clase y de la libertad de clase de los oprimidos.

Yo invito a reflexionar al doctor Vitier sobre estas cuestiones, porque a nosotros nos separa, esencialmente, la apreciación de los valores morales humanos, desde su punto de partida. Como alguien dijo de Kant y de su imperativo categórico, él tiene el derecho de considerar ingénita la bondad humana, porque él es bueno, y examinando el fondo de su propia psicología, ha llegado a concluir que su piedad y su espíritu de sacrificio son algo muy propio de la naturaleza del hombre. Pero el doctor Vitier es una excepción de la regla, y no hay ciencia de ningún género, y menos la del psicoanálisis, que pueda fundarse sobre excepciones. Kant, que también era un hombre de bien, pudo decir un día: «Obra siempre de manera que los principios de tus acciones puedan ser al mismo tiempo la base de una legislación universal.» Son, poco más o menos, las mismas palabras que empleó, siglos antes en Grecia, el inmortal Protágoras, y es de advertir que éste tampoco creía, como no creo yo, en la virtud ingénita del hombre. Dada la filosofía a las generalidades, desde Sócrates hasta ahora, es frecuente que las verdaderas excepciones de altísimo valor espiritual tengan, como el doctor Vitier, un concepto elevado del orden moral universal. Para ellos, no son los individuos, ni siquiera una especie entera, como la especie humana, los que han de servir de modelo para juzgar el hecho cósmico de la bondad inmanente, que necesariamente debe residir en la causa primera: en Dios, por ejemplo. Sienten, por otra parte, que un imperativo de justicia bulle en sus nobles espíritus y piden entonces que todo hombre exalte los necesarios principios de bondad que laten en su alma.

Yo soy, desdichadamente, un relativista moral como Protágoras, y juzgo desde lo particular que hay en el hombre y de lo que su conducta histórica denuncia, la vida y cuanto está en ella al alcance de mis limitados sentidos. Estoy en un polo de conciencia opuesto por entero al del doctor Vitier, y creo, como Séneca, al repetir una sentencia de Demócrito, que al hombre le conviene ser virtuoso y bueno, fuera de toda relación con lo universal, pero no es virtuoso ni bueno, sino por la fuerza de las instituciones legales establecidas, para hacer posible la convivencia social de los individuos.

Crítica al mesianismo de Medardo Vitier

Repito que estamos colocados, pues, en dos polos opuestos. Somos antípodas desde el inicio el doctor Vitier y yo, que también he tratado de conocerme a mí mismo, según querían el oráculo y Sócrates, o mejor dicho tal vez, Sócrates y el oráculo. En este esfuerzo por agotar las consecuencias del conocimiento, en el imperativo socrático, he logrado aprender, dentro de las generalidades de lo relativo que abarcan la conciencia y la conducta del hombre, que la bondad humana tiene que ser necesariamente relativa también para que el individuo no perezca y para que la sociedad progrese. Dominando circularmente el panorama de la vida, si es que se me quiere admitir esta desacostumbrada pretensión, encuentro que un individualismo avisado y vigilante debe equidistar tanto de las filantropías absolutas como del hedonismo o del egoísmo sórdido y brutal de aquellos en quienes no se observa ni la más leve sombra de conciencia responsable para regir su conducta en este problema fundamental serio que es la vida. Es esto lo que yo llamo el camino más corto para llegar al fin que todos nos proponemos en lo moral, aunque de mi propósito no puede esperarse nunca el advenimiento de una ética, nacida de las generalidades y absoluta, por consiguiente, sino relativa y humana, donde halle toda aptitud un libre desenvolvimiento para sus facultades. Yo sé que esto comporta de hecho el mantenimiento de las condiciones actuales que rigen para lo que ha dado en llamarse la libre concurrencia de todas las aptitudes, y sé también que tal estado de cosas es el preciso y acaso el único motivo que subleva la conciencia piadosa de los temperamentos de excepción, como el doctor Vitier.

Entienden ellos que no hay tal concurrencia libre donde no son iguales las condiciones de la lucha, ya porque unos acuden al estadio social con mejores armas de inteligencia, con privilegios de clase o de casta, con irritantes favoritismos de todo género, etc. ¡Todo esto es verdad, y en muchos de sus aspectos, comporta un grado de injusticia que es preciso combatir denodadamente, pero el hecho biológico positivo, aun en el mismo estado de imperfecta y lamentable condición política y social en que todavía vivimos, es que la inteligencia individual impone sus fueros, aun en el transcurso de una sola vida y, a pesar de los privilegios de clase y de casta, en la inmensa mayoría de los pueblos civilizados del presente. Es que la libertad individual, la iniciativa libre que encuentra en el *Renacimiento* su punto histórico de partida y que se desenvuelve plenamente más tarde en la *Reforma*, bajo la divisa liberal del libre examen de Lutero, halla en nuestros medios políticos y sociales, deficientes y todo, manara de arribar a su natural destino, a pesar de todos los contratiempos, es decir: halla lo que no hallará jamás en las dictaduras de bajo nivel intelectual de los credos comunistas.

Y es que, para lograr esta positiva y relativa ventaja de ser respetado en sus opiniones, y de concurrir libremente a la lucha por su mejoramiento individual y social, el hombre ha librado terribles batallas, a través de un largo período histórico. Informa este hecho el triunfo de una remota aspiración humana que ha logrado inscribirse, como ley primordial, en todos los códigos del mundo civilizado, y que emancipó a las sociedades de ayer de la tutela, odiosa y feroz, de los Estados absolutos o despóticos.

Aspiraciones individualistas

Fue a través de tremendas vicisitudes y de largos siglos de sufrimientos como logró redactarse en Virginia, en la libre América, el documento más importante que contiene el proceso de una remota aspiración humana.

¡Estamos en obra de vulgarización y conviene recordar a cuantos ignoren su contenido la lectura de este venerable documento y el estudio de las causas que aconsejaron su redacción!

Se dirá, acaso, que fueron cuáqueros, mantenedores de las generalidades religiosas y filosóficas, los que redactaron y aprobaron esta constitución que contiene lo esencial de las aspiraciones individualistas del hombre, pero debo hacer notar que todo tiene en esta ley un carácter esencialmente relativo, individualista, propio para dejar sentado de una vez para siempre, con fuerza obligatoria de ley, el derecho de la libre concurrencia social del hombre, así en lo intelectual como en lo económico. No procedió del mismo modo la *Revolución francesa* en su declaración de los *Derechos del Hombre*. Partiendo de lo relativo, fue a dar en lo absoluto, y declaró iguales de un plumazo, a pesar de las leyes de la Naturaleza, a todos los ciudadanos. Sobresalir ya no era posible aquí. Toda iniciativa privada o individual debió quedar sometida al nivel mental y emocional de la inteligencia y del sentimiento de la muchedumbre. Se produjo el caos que hoy aspira a reproducir la igualdad sin cortapisas del comunismo militante; se negó el derecho a toda suerte de concurrencia libre en lo intelectual y en lo económico, en nombre de uno de los tres símbolos del credo de la Revolución: en nombre de la Igualdad. Pero entonces, como en los días del triunfo del cristianismo, ocurrió lo que necesariamente ha de ocurrir siempre en circunstancias semejantes; sucedió que las aguas buscaron su nivel, porque lo que anima en potencia la voluntad de ser y de poder en el hombre, que es precisamente el mismo espíritu de albedrío mental y físico de los puritanos de Virginia, no puede estar largo tiempo supeditado a disciplinas que riñen con lo que viene a ser la estructura íntima de nuestra condición humana.

Desdichada o fatalmente somos así en nuestra obligada relatividad de especie. La *Naturaleza* que nos circunda y que en las generalidades filosóficas no participa, por lo visto, de la condición divina, nos obliga a seguir sus dictados inexorables, *so pena* de perecer si nos extraviamos. No cabe en este punto sino una disyuntiva: o declararse contra el individuo apto, lo cual comportaría de hecho una injusticia y hasta un absurdo sociológico, o declararse contra las muchedumbres de tal o cual la haya, democráticas en el peor de los sentidos, o niveladoras por su furioso comunismo.

importa repetir que un individualista avisado, debe hallarse en todo momento tan distante de la aspiración de despotismo político de las multitudes analfabetas, como de las dictaduras y tiranías iletradas. Conviene advertir, a pesar de que esto se evidencia a través de todo lo que se dice, que la tesis individualista de este ensayo excluye, por sus tendencias de carácter cívico, en sus generalizaciones políticas, cuanto pueda favorecer a la forma de régimen individualista del Estado, por cuanto es bien sabido que esta suerte de regímenes no son en el fondo otra cosa que dictaduras o tiranías de bajo nivel mental en perpetuo usufructo de las más groseras manifestaciones de los provechos particulares. en los dignatarios que rigen los destinos de un pueblo.

Libertad de conciencia (liberalidad)

Inicuas son unas y otras, porque en ambos casos sufren daño irreparable los más preciados tesoros de nuestra vida social y política: la libertad de conciencia y la conciencia de la libertad. En nombre de un interés de clase, generalmente mezquino, la dignidad cívica del hombre sufrirá un menoscabo espantoso.

No creo ir descaminado al dar la interpretación siguiente a frase de nuestro gran Varona: «Yo soy un viejo liberal», ha dicho don Enrique José, y es verdad que nuestro primer filósofo es un viejo liberal, en el sentido católico, ecuménico de esta palabra. El doctor Varona es, en efecto, un liberal de los días de la Reforma.

Mediten esta afirmación los que quieran enterarse de lo que tal estado de ánimo supone en nuestros días, y sabrán por qué ese concepto de liberal es tan profundo y está tan arraigado en la conciencia humana.

Son viejos liberales los que conocen, en efecto, que es intangible, que es sagrado todo cuanto corresponde al derecho constitucional de un pueblo. Reformar esa ley básica de otro modo que no sea precisamente y lealmente por el que en esa misma ley se establece, constituye un peligro de total derrumbamiento de las libertades públicas, porque los derechos ciudadanos no tienen otro resguardo ni otra garantía que los que se le reconocen a una nación en la fuerza obligatoria de su *Carta fundamental*.

Y es esta una conquista de los *viejos liberales* o del *viejo individualismo* relativista y práctico de los días del Renacimiento y de la Reforma. Es un derecho conquistado y codificado, de carácter inamovible, cuyos resultados confrontan, precisamente, con lo que fue y es un estado de ánimo, político y social, en el individualismo histórico.

Pero no nos entendemos. Decididamente no se entienden los hombres, no ya los que toman entre sí direcciones diversas en el acto del pensamiento, sino que ni siquiera se entienden los que siguen en este caso una misma dirección. No estamos muy seguros, por lo visto, de la firmeza de nuestras convicciones, ni de la verdad de nuestro credo, ni de la posesión total, consciente y categórica, de la doctrina mantenida.

Así los que seguimos un método apodíctico, de pura y humana razón, como los racionalistas y constructores de hipótesis circunstanciales o gratuitas, no destacamos, en el último resultado de nuestras afirmaciones doctrinarias, sino el esquema de una personalidad intelectual vacilante, invertebrada y oscura, paradojal en sus propias actividades, y antípoda siempre, por algún punto de las ajenas que más se le asemejan por su estructura y contenido.

Los hombres no estamos de acuerdo en nada, ni aun en aquello que debe constituir una norma universalmente admitida del conocimiento, en punto al sentido crítico de los hechos de la Historia. Socialismo, fascismo, democracia, plutocracia, aristocracia, comunismo, etc., términos básicos que constituyen en nuestros días otras tantas formas de Gobierno o actitudes políticas, en las que desenvuelve el hombre sus actividades, en una estrecha relación con el Estado, dan ocasión a las más diversas conjeturas, aun en aquellos mismos tratadistas que siguen en sus respectivas doctrinas un mismo paralelo ideal e histórico.

Siendo viejo el problema del *individualismo* y del *liberalismo*, se desconoce, sin embargo, y apenas podemos imaginar que don Fernando de los Ríos, por ejemplo, ignore o desfigure los hechos a que diera ocasión la era del derecho natural en el Renacimiento, atribuyendo a esta era de un carácter ferozmente despótico, materialista y unitario del Estado, lo que nació con el libre examen de la Reforma, o sea: la conciencia política del credo liberal que puso un límite al poder tiránico del Estado frente al individuo, recabando para éste máximas libertades en la Constitución de Virginia, implantada en América por los descendientes de los puritanos ingleses, como ya dije antes, y que declaró sagrados e intocables la vida, la libertad y la propiedad de los ciudadanos.

Fue Lutero, quizás, quien dio el primer paso ostensible en esta suerte de rebeldía política, al declarar inviolable el derecho religioso del hombre a interpretar la Biblia, sin el auxilio de nadie, y si el Renacimiento, en efecto, acusaba ya, como lo hace observar el ilustre doctor Fernando de los Ríos, aquella suerte de dignidad personal que toleraba de mal grado los abusos del Poder, no cabe duda, sin embargo, a lo que parece, que es preciso estar de acuerdo en que, dentro del canon religioso y político, acentuadamente individualista de la Reforma, fue donde se inició la era de rebeldía de la libérrima Constitución norteamericana, y que más tarde culminó en París, en la declaración de los Derechos del Hombre, es decir : en lo que vienen a ser ahora el credo liberal y el credo democrático.

Dentro de la doctrina del *liberalismo* que desenvolvió la riqueza por la inusitada actividad individual del hombre, amparado en sus derechos personales, cupo una forma de ideología menos exclusivista en lo político: la democracia que amparó, asimismo, la general concurrencia de los ciudadanos aptos a las funciones del Poder, y en una forma más general aún cupo también el credo humanista del socialismo, según la noble aspiración del profesor Fernando de los Ríos, o simplemente positivista y utilitario, en su moral de clase, según Carlos Marx. Pero el *liberalismo* que redujo a su última expresión la fuerza expansiva y coercitiva del Estado, en su modo renacentista o maquiavélico —recuérdese los *Consejos al Príncipe*, los horrores y arbitrariedades de los Borgias, y aún la frase de Luis XIV «El Estado soy yo»— encontró su Waterloo en el *Parlamentarismo* de estas edades, en la dispersión y casi absoluta atomización del Poder, que ahora tiende a ganar, con el fascismo de Mussolini, con el caudillaje como antes de Primo de Rivera, o con las actitudes centralizadoras de nuestro presidente general Machado, las preeminencias absolutistas que lo caracterizaron un día.

El *liberalismo* acogotó al Estado y acabó por someterlo políticamente. La democracia, que ya no se propone nada, por su condición transitoria, porque jamás puede ser un concepto estable en la conciencia del hombre, en virtud de su naturaleza afectiva, y porque todo lo sentimental es *impermanente* para lo que vienen a ser nuestras actividades sociales y políticas, sobornó, atomizó y desmoralizó al Poder, que viene a ser en sus manos una suerte de plutocracia depredadora e inicua. El *socialismo humanista* o el *práctico* constituyen todavía una forma de ensayo y seguirán siéndolo. El fascismo tiende a resucitar la tiranía más o menos consciente, más o menos sabia. Los hombres estamos siempre, pues, frente al eterno dilema: ¿Contra el individuo o contra el Estado? ¿Contra quién?

El Estado, el individuo y el colectivismo

¿Es posible armonizar esto, hallar la fórmula que ya buscaba Heráclito en sus días, «el estado de sociedad, colectivo e individualista a la vez, donde el hombre pueda desenvolverse, dentro de sus semejantes, con la mayor porción de libertad individual posible»? ¿No fue éste de Heráclito, en verdad, el propio afán del liberalismo de la Reforma?

Acaso sí, pese a sus faltas y a sus males necesariamente humanos, pero los hombres no se entienden, porque unos quieren supeditarlo todo a la clase, como los socialistas; otros, al desorden, como los demagogos; otros a la tiranía, como los fascistas.

No nos entendemos ni aun los que marchamos sobre la misma línea, con los ojos fijos en una nueva aurora que no acaba de aparecer. No nos entendemos ni aun cuando tratamos juzgar las cosas más evidentes, y a mí no se me oculta que clamo en el desierto como la voz de Juan; pero es necesario reincidir, insistir en proclamar una verdad contemporánea, digna de atención: no somos nosotros los que necesitamos exaltar los ideales, que dicte una honda pasión constructiva de credos generosos, artísticos, desinteresados, bellos, sublimes e inalcanzables hasta el absurdo, sino los que debemos mirar hacia la tierra y hacia el corazón del hombre y las necesidades biológicas de éste, con más humilde, humana y razonable atención.

No nos entendemos, ni es esto ni en nada. Quieren, por ejemplo, los primates del idealismo en nuestra raza mantener el ideal —¿el ideal de qué?— pero este ideal lo pagamos a precio de debilidad, de esclavitud y de vida, inclusive. Creen los soñadores que más allá o más acá de esa vaga cosa que se llama idealismo, se agotan definitivamente todas las energías inquisitivas de la curiosidad y de la inquietud, y no es así, porque dentro de las humanas realidades caben esos dos términos y sus naturales atributos, bellamente, artísticamente, generosamente.

Es generoso, es ideal el *socialismo humanista* de don Fernando de los Ríos, pero no es humano sencillamente, porque la única tendencia política que ha interpretado de un modo cabal las aspiraciones universales del hombre fue, como ya se ha dicho y se ha repetido, el liberalismo de la Reforma, al establecer en norma de derecho constitucional las preeminencias de la libertad del individuo frente al absolutismo de los Estados. Referimos aquí el idealismo solamente al modo político, a uno de los cardinales, de los más interesantes, sin duda, para el *Zoon politikon* de Aristóteles, o sea, para el animal cívico que viene a ser el hombre, en definitiva. Cuatro distingos históricos acusa ese modo a través del tiempos: uno, el *Estado absolutista, despótico, absorbente y conculcador* de todo derecho individual; otro, antípoda del anterior, el *Estado individualista* que informó el sentido apodíctico, natural y liberador de la Reforma; un tercero, la Democracia, que no es ni lo uno ni lo otro, porque si resta al Estado absoluto su carácter férreo de disciplina tiránica, cae del lado de las *plutocracias* que la sobornan, de las de las demagogias que la convierten en mero instrumento de las plebes políticas, o del *parlamentarismo* ignaro, que así se pronuncia contra los derechos individuales, como contra los derechos del Estado democrático, y el cuarto y último, el *socialismo* en sus diversas formas, que tiende a emancipar al individuo productor, no del Estado, en fin de cuentas, sino del individuo capitalista, pero con ánimo de clase y en una impracticable comunidad de aspiraciones que, más tarde o más temprano, van a caer, por su propio peso, en el estado natural de la conciencia individualista y utilitaria del hombre.

Modos políticos

Sobre estos cuatro modos o distingos políticos que reconoce la Historia es preciso ponerse de acuerdo definitivamente, es necesario arribar con ellos a una general inteligencia lógica para discernir cuál conviene a la naturaleza, a la condición del hombre de un modo empírico y no ideológico, para decidirse por él, ya que de aquí se han de derivar los provechos generales, que son en todo el mundo de la civilización occidental el resultado de la conducta prudente.

Ni en este ni en otros aspectos, conviene exaltar nuestra espiritualidad de origen, nuestra americana propensión al morbo del ensueño, que se desplaza en nuestro temperamento a contrapelo de la lógica y de la experiencia comúnmente.

«Primero es vivir que filosofar», dice el viejo adagio, y para vivir ahora es necesario conocer y aceptar, frente al discrimen de los que velan, arma al brazo, a las puertas de nuestras Repúblicas, por ejemplo, aquellas normas políticas que deben hacernos fuertes y poderosos y que están, en verdad, tan distantes de la dictadura y de la tiranía, como del socialismo y de la demagogia.

Necesitamos querer algo concreto y a conciencia en el modo político. «Algo» que no sea una pugna loca contra lo que constituye la raíz misma de la vida, contra los fueros civilizadores y progresivos de los derechos individuales, amenazados por el espíritu de clase en los credos comunistas, por el absolutismo fascista en otro caso, o por el ES y no ES la democracia, finalmente.

Y es necesario entender, asimismo, que la antinomia que constituye en nuestro país la reacción gubernativa que en estos días se observa, no va precisamente tanto contra las prerrogativas individuales del credo liberal, como contra los excesos de la democracia que desmoralizó y atomizó al Poder, hasta un punto increíble. Es el mismo fenómeno que ocurre en todas partes, cuando el Estado conoce que está a punto de naufragar, víctima de la descentralización de sus facultades. Reacciona entonces el Estado, y, en esta reacción hace tabla rasa con el equilibrio individual y gubernativo que debe existir en un país. Es en este momento cuando oímos apellidar sagrada a la violencia que se ha pronunciado contra el parlamentarismo o contra la democracia, en Italia como en Cuba.

El Estado, como poder moderador que limite las actividades peligrosas de los sujetos y de las clases sociales, el *Estado liberal*, en una palabra; he aquí un ideal positivo, humano y provechoso.

Y, sobre todo, es preciso ponerse de acuerdo y propender inmediatamente a una reconstrucción práctica del sistema educativo y del sistema económico, no en el modo grueso que gusta a las multitudes, cuando se tocan los males externos, de carácter universal para el hombre, y cuya supervivencia es propia de todas las colectividades humanas, en todos los países civilizados, sino en lo que es esencial para la economía y para la educación de un pueblo.

Estos son los «espiritualismos» filisteos y barrocos, que debemos idealizar, por si se deciden a seguirlos los poetas y los demás soñadores de nuestra raza.

Me permito creer que un *Estado liberal* de esa índole es el que aspira a establecer aquí el viejo liberal don Enrique José Varona.

Y tal Estado no es, en esencia, otra cosa, que una aspiración propia de un secular anhelo *individualista*.

Para el *individualismo* de esta hora, no hay, en rigor, credos buenos ni malos, sino buenos hombres y malos hombres. Anuncia, y sostiene, por consiguiente, que es necesario mantener de todos modos la forma política del Poder moderador del Estado, para que la sociedad no caiga en los excesos y en los abusos de las plutocracias o en los extravíos dogmáticos del comunismo igualitario.

Siendo antiguo este anhelo, es, sin embargo, nuevo en su forma intelectual, a raíz del fracaso acusado por la *Democracia* y por el *Comunismo*, como sistemas de Gobierno.

El problema de la conciencia contemporánea lo constituye, evidentemente, una reacción antisocrática. Si se exceptúan aquellos elementos, enemigos irreconciliables de la civilización, a quienes Lothrop Stoddard apellida «*oscuras fuerzas del caos*», puestas al servicio de la rebeldía contra el progreso del hombre, todos convenimos en afirmar que no hay en la naturaleza de nuestras reacciones instintivas razón de ningún género que nos autorice a pensar en una moral congénita, propia de nuestra especie.

Pero, a pesar de esta opinión que yo comparto de un modo definitivo, no creo justo mantener, como sostiene Stoddard, que es absolutamente censurable la conducta mesiánica o la prédica de los credos redentoristas, en su carácter de fuerza opuestas a las reacciones del absolutismo social y político.

Son comúnmente las cabezas visibles de estos apostolados espíritus de una elevadísima temperatura emocional, y la emoción construye, edifica, y aún mantiene sus funciones primitivas de estimulante ético equitativo, en los casos de excepción, en la singular conducta de un Adam Srnith, de un Kropotkme, de un Tolstoi, de un Fernando de los Ríos, de un Vitier. Las multitudes a quienes favorece la actitud de esa conciencia emocional y socrática transforman en utilitario, igualitario y exclusivista el ideal de orden y de equilibrio que se anuncia en los credos sentimentales; pero de lo emocional, surge la conquista equitativa de un positivo derecho, que mejora la condición económica y social de las multitudes, y cuyo derecho ha sido preciso imponerlo, arrancándolo, mal de su grado, de las manos y de las fauces ávidas de la plutocracia expoliadora y del absolutismo político.

Aclaro, pues, y esto debe quedar entendido de una vez para siempre, a fin de que no se acuse a esta teoría individualista de caer por su propio peso en el extremo opuesto de las doctrinas socialistas, que este individualismo sólo se pronuncia contra el anhelo de las masas, en tanto cuanto éstas aspiran a dirigir, de un modo político, los destinos del mundo, es decir, en el mismo grado en que ellas quieren supeditar a su nivel de inteligencia la inteligencia del hombre.

Persigue este individualismo, pues, un orden social jurídico y no ético, y entiende que los futuros tratados de Sociología tomarán al hombre tal cual es, biológicamente, relativamente, para establecer a base de este conocimiento los fundamentos del Derecho futuro. Es necesario reorganizar el pensamiento, querer algo de un modo intelectual; saber algo de un modo intelectual y no emocional.

En cierta manera, en la de la moral trascendente, ideal o religiosa, no es posible hermanar, como se ha intentado hacerlo más de una vez, y aun por inteligencias privilegiadas, al humanismo y a las humanidades. El ansia de saber que provocó el Renacimiento, muy parecida al saber intelectual que persigue el individualismo de ahora, la difusión de los conocimientos que trajo el descubrimiento de la imprenta, acabaron con el credo emocional del cristianismo católico o dogmático, gestado de un hondo resentimiento moral y político, en fin de cuentas, pese a Max Scheler, que sostiene una teoría contraria, y culminaron en la Reforma con el libre exámen y con cuanto es contrario al humanismo, en el sentido ético que se le atribuye: culminaron en el individualismo y en el liberalismo presentes; pero a través del momentáneo triunfo de la Democracia, que constituyó un éxito franco de los poderes emocionales del espíritu, aquella manera intelectual de pensar cayó en desuso, tanto y de un modo tan lamentable que es casi insólita en nuestros días.

Adolece, pues, de un humanismo ajeno a las humanidades, el credo gregario y sentimental del presente. Ven sus mantenedores un sector de la vida social únicamente. Ven a los oprimidos y a los opresores, y del hecho de que exista, en efecto, esta opresión, infieren que la sociedad viola un principio divino de conducta moral. Ellos quisieran que una piedad humana evitara ese doloroso acontecer. No advierten si es propia o no de nuestro instinto la voluntad de ser y de poder, la voluntad del progreso y del dominio, ni consideran, tampoco si ese dominio y esa opresión se producen por algo inherente a la capacidad intelectual de cada hombre y a la energía constructiva y adquisitiva de que éstos disponen, en relación con aquella capacidad. En una palabra, entienden que es antinatural, inhumano e inmoral poner en ejercicio las cualidades propias para el provecho propio.

La voluntad de poder

Pero he aquí donde la historia de los hechos presenta el ejemplo constante del fracaso de esas teorías abnegadas y altruistas, y de la moral socrática que no distingue, por cierto, a la especie humana. La voluntad de ser y de poder, instintiva en el hombre, no admite la posibilidad de ese nivel de aptitudes y de actitudes, no se doblega al peso ni ante la aparente lógica de esos postulados de moral, y, por fortuna, para el porvenir de la especie —porque yo soy en este extremo un denodado optimista—, rompe en todo momento la trama dialéctica y retórica de los catecismos mesiánicos e irrumpe vencedora y progresiva, a pesar de todas las dificultades naturales o ficticias a través de cuantas barreras se le oponen.

Esta es la verdad histórica y la verdad biológica también, y es aquí cuando marcha contra la evidencia, como siempre lo hace, cuando es nociva para el porvenir de los individuos y de las «élites» intelectuales, la enseñanza del *redentonismo*, porque en toda alta inteligencia están paralelamente desarrollados, por lo común, las potencias emocionales y las potencias intelectuales.

Y esta doctrina que cultiva el sentimentalismo y la emoción del credo socrático, distrae de su verdadero destino a las más elevadas cumbres de la mente. Las distrae, las empobrece y las anula, porque encauza la atención mental de las mismas hacia los problemas insolubles de una imposible igualdad humana. Vencidos o inermes por lo menos estos sujetos, porque no han tenido tiempo de percatarse de su error ni de emancipar su existencia económicamente; en noble, pero estéril lucha a favor de los oprimidos, llegan a la edad madura frustrando el alto destino que les pertenecía y restando a la sociedad el cúmulo de energías positivas que debieron desenvolver, en provecho propio, en primer término, pero en provecho colectivo, finalmente.

No hemos captado aún ni una cienmillonésima parte de las ventajas que el hombre puede y debe obtener de las energías físicas de la Naturaleza. La abundancia y la felicidad de todos han de nacer de la captura de esas energías, y no de ningún credo de moral. Pero es reforzando, elevando el nivel de la inteligencia del hombre, en la constante disciplina o gimnasia del sistema individualista, como podremos llegar a tan prometedores resultados, y ni tratando de someter a un nivel de mentalidad gregaria a las mejores inteligencias.

Busquemos al hombre libre dentro del Estado libre y moderador de las conductas. Lo demás es una utopía, una eterna utopía.

La moral, la equidad, la libertad, la democracia, la fraternidad y la igualdad no son sino meras palabras, cuando no se enfocan desde un punto de vista intelectual y positivo. Es preciso conocer desde ese punto qué constructivas posibilidades humanas denuncian, porque cuando caen en la esfera de lo emocional se mixtifican y se disuelven hasta perder su significación, alcanzando únicamente el valor de un símbolo. Bajo ese aspecto de lo sentimental caen luego en el dominio de lo simbólico y se quiere creer que viven en el mundo de las actividades sociológicas, como verdades objetivas, como hechos evidentes, como realidades sustanciales, lo cual no es cierto, sino de un modo ineficaz. De una manera general y sin penetrar en el fondo de su esencia, se aceptan sin discusión y sin análisis esas palabras, convirtiéndose de hecho en la pantomima de ídolos que el cesarismo o los demagogos insaciables agitan ante los ojos de la aturdida multitud, como otros tantos símbolos sagrados e intocables que es preciso reverenciar a ojos cerrados, en confesión ciega de artículo de fe.

No se analiza el credo que vienen a constituir esos vocablos; se estima que ellos viven de hecho como sustancias eternas en un circundante mundo moral, y cuando el hombre no alcanza, como generalmente sucede, los resultados que espera de esa lógica constructiva de la emoción, no se la ocurre dudar que pueden, en efecto, no existir en ese mundo maravilloso de la conciencia responsable la justicia y la virtud que en el concepto de los espíritus crédulos han sido reconocidas, vulneradas y maltratadas por los directores políticos o religiosos de la Humanidad.

Consideradas estas palabras o símbolos como realidades perpetuas, y colocadas de hecho y por secular error en un plano que está fuera de toda crítica humana, el hombre olvida o desconoce bien pronto que son símbolos intangibles cuando trata de aplicar la virtud de estos a las actividades propias de la especie, ya en religión, ya en sociología, ya en política. El mito moral que vivió en lo abstracto, como cosa en sí, rodeado de un limbo emocional impenetrable para la razón, transforma su naturaleza mítica en deplorable realidad biológica, y los que son, por ejemplo, liberales de esta manera, no alcanzan a comprender jamás cómo se puede permitir que se violen las libertades humanas sin que se caiga el firmamento y se atomicen los mundos. Un liberal o un virtuoso, adscritos a la pureza de un símbolo como cosa en sí, no son ciertamente otra cosa que sacerdotes laicos de la nueva religión del altruismo, que han echado hondas raíces en el sentimiento de estas generaciones posteriores al Renacimiento.

Pero si le preguntáis a un hombre qué es lo que entiende por libertad, por democracia y por ser liberal, es posible que os conteste, poco más o menos, de este modo: «La libertad es algo que me pertenece por sagrado derecho que nadie debe conculcar, y yo soy liberal o demócrata precisamente por eso, cara hacer lo que me acomode, inclusive en lo de satisfacer a plenitud todos mis instintos.» El vecino de al lado piensa de idéntica manera, y cuando una coyuntura favorable lo eleva al Poder, hace cuánto le viene en gana, incluso con la libertad y con los bienes del procomún. En definitiva, ninguno de estos hombres que proceden de las arcaicas escuelas sentimentales de la Ética sabe después en qué consiste la libertad o en qué consiste la democracia, porque es preciso ser liberal, demó-crata, piadoso y fraterno, intelectualmente, y no por conducto de la emoción que todo lo desnaturaliza y trastorna.

Pero aun a la altura en que se encuentra esta disertación, no ha quedado determinada del todo la diferencia del hecho en que culminan las dos formas de acción y de pensamiento, cuyo carácter opuesto he venido presentando, o sea, la que por el comino del sentimiento quiere conducirnos a una Ética o Moral propia del *Bien* y de la *Belleza* inmanentes de lo absoluto y la que se funda en el empirismo o en la experiencia que dimana de ciencias tan interesantes como la Biología y la Psicología, para inducir y deducir de ellas, tanto como del proceso histórico de la vida social del hom-bre, los resultados del relativismo moral o de la Ética de carácter forzoso de la especie humana.

Alguien pudiera decir, aun sin ser un decidido partidario de la moral absoluta, que si ambos procesos conducen en definitiva a un solo punto, con la ventaja de que el socrático puede instruir, educar y alterar, aun con su propio sentido anticientífico, la naturaleza del individuo humano, debe señalarse y seguirse lógicamente este camino que trata de refrenar los egoísmos y los males impropios de nuestra condición, según opinan los mantenedores de la moral absoluta, y no el otro que empieza por confesar la escandalosa evidencia (utilitaria y predatoria) de nuestros instintos y de nuestra voluntad de ser y de poder.

Alguien dirá esto, pero demostrará entonces que no se ha percatado de que su propósito implica, de hecho, un absurdo, porque no le es dado a ninguna teoría, humana por lo menos, cambiar la condición y la esencia de las cosas, remover, para modificarla, la estructura íntima de los seres que viven y que piensan sobre el mundo.

Y empeñarse en mantener que el camino de la emotividad filosófica y religiosa, nacida en las generalidades de lo absoluto, conduce al hombre a su destino, es colaborar de hecho en la obra de error que perpetúa sobre el mundo la iniquidad de muchos procedimientos sociales y políticos y la mixtificación injusta de los conceptos de la verdad, es extraviar el verdadero camino de la conciencia que dirige de este modo su esfuerzo hacia lo inalcanzable, perdiendo el carácter de positivismo constructivo que debe tener para estatuir en normas de Jurisprudencia, de Derecho, de leyes obligatorias, lo que espera obtener y no obtiene por aquella vía del error, con la prédica de sus doctrinas, metafísicas e impracticables.

Es decir, que dos cosas fundamentales distinguen a estos métodos, o sea: la verdad de uno y la falacia del otro; el resultado de uno y el resultado del otro. Con el de los idealistas y generalizadores, se quiere llegar por la ruta del círculo vicioso y del largo rodeo, al reino de la Moral que implica de hecho un reino de justicia. Con el del individualismo positivo se llega directamente al imperio de la equidad que establece, de una manera forzosa, el imperio absoluto de una moral intocable. El primero, desvía, deforma y enturbia la vitalidad creadora de su propósito, que quiere ser práctico y con vista de un eviterno o interminable progreso humano en lo individual y en lo social.

Difieren, pues, esencialmente también en sus resultados ambos procedimientos, pero, por ventura para la civilización, la verdad es que sólo uno, o sea, el del individualismo, mantiene a través del tiempo su invariable carácter humano y verídico, porque no es cierto que sean absolutamente idénticos, como se ha venido entendiendo hasta ahora de un modo dogmático, el derecho que se conquista a partir del concepto individualista de la vida, y la moral que persiguen los ideólogos del *redentorismo*. Uno, el Derecho, nace de una conciencia, de un saber intelectual; del saber aplicable a la vida, que decía Nietzsche; la otra, la Moral de las religiones y de las filosofías trascendentes, parte de lo emotivo, de lo fantástico, de la conjetura, del sentimiento que no razona, y por su propio camino no halla ni ha encontrado jamás en la Historia una solución que le pertenezca. Cuando tal o cual doctrina igualitaria, excesiva siempre, ha logrado arribar a una conquista de aparente carácter ético, no ha hecho otra cosa que conseguir un éxito de orden jurídico y de acentuado sabor laico, individualista y positivo. Todo lo demás de esa conquista, todo su aspecto de forma trascendente queda reducido bien pronto a mera dialéctica, a simple palabrería sin ningún valor jurídico ni biológico.

Posiblemente nos separe en algunos de estos puntos el concepto que unos y otros tenemos respecto de la equidad, y ocurre, sin duda, que para un individualista es justo, lo que parece inicuo a un idealista. Yo entiendo que es equitativo, civilizador y humano, el medio que no niega a los individuos la forma de desarrollar sus facultades propias, y creo también que únicamente en medios así es posible alcanzar el máximum de progreso en una civilización; pero he aquí que esta suerte de equidad y de filosofía del progreso individualista es reputada crimen moral por los ideólogos que no dirigen la vista en círculo, en torno del complicado problema del proceso civilizador de las sociedades. Les basta ver de un modo sentimental que alguien sufre el efecto de las inevitables desigualdades humanas, para declarar inicuo al sistema que sostiene esas desigualdades. Acaso no han pensado en el problema que comporta el hecho de esa igualdad que predican y persiguen. Acaso, y sin acaso, no han querido ver que no es posible variar la estructura de nuestra civilización, en el aspecto económico de la misma, sin destruirla, tal vez para siempre, cerrando de este modo toda esperanza al porvenir del hombre. Acaso no han considerado tampoco, y esto ya en un orden abstracto de ideas, que cierta porción de dolor y cierta porción de injusticia, son necesarios al hombre, como estímulos permanentes para la función del progreso, como reactivos poderosos contra la inercia o la estática de los espíritus. Acaso no han meditado lo que nos haría retrogradar como hombres, el inalcanzable reino de la bienaventuranza moral que piden para este mundo.

Yo, por lo menos, declaro que ni en teoría puedo aceptar esos excesos. Sé, o creo saber, que la psicología del hombre, en ese aspecto, no es perfectible de ninguna manera ni responde, en verdad, en modo alguno, a tal o cual método de educación que se dirija a esos fines. Digo perfectible y digo mal, porque sólo puede perfeccionarse lo que es de alguna manera imperfecto, y nuestra psicología no es perfecta o imperfecta según nuestro gusto, sino que es nuestra psicología, corno diría, *perogrullo*. La educación no puede en este caso ni crear siquiera un medio ambiente y no lo crea, desde luego. Urde, eso sí, una apariencia, una red de verbalismos, una trama de sentencias retóricas, una tela de araña tan sutil, que sólo atrapa a los cándidos que no pueden o no saben romperla, constituyendo la enorme y deplorable iniquidad de que estos; cándidos suelen ser los mejores de la especie, los que poseen en su corazón y en su cerebro las líneas más extensas de inteligencia y de emoción. No crea, repito, un medio ambiente cierto, porque ninguna actitud falsa puede prevalecer contra lo que es una actitud verídica en el instinto humano, y nuestro instinto y nuestra inteligencia, rechazan, de consuno, esa falacia de la virtud ingénita del hombre.

Resumiendo

Yo no soy «*ambientista*», es decir, partidario incondicional de la influencia modificadora del ambiente, cuando este ambiente es falso, como ocurre en el caso de la educación por medio de la moral trascendente. No participo de esa suerte de opinión en tales circunstancias, porque la ley de herencia es de todo punto inmodificable bajo ese aspecto. Entiendo, sí, que somos perfectibles, pero no a partir de ninguna falacia de origen escolástico, sino desarrollando las actividades de procedencia intelectual utilitaria que hay en potencia en nuestro espíritu, es decir, los imperativos ciertos de la noción de lo conveniente que una labor de siglos ha depurado, separando, como al oro de su ganga, al intelecto del instinto. Por eso yo sostengo que toda instrucción, toda enseñanza, debe participar de ese carácter de humana verdad intrínseca, para crear un ambiente propio, cierto y posible, donde se desplacen de un modo cabal, todas las posibilidades adquisitivas y constructivas de las inclinaciones del intelecto. Ciertamente soy en esto el antípoda de don José de la Luz, como ha dicho en alguna ocasión el doctor Vitier, pero esta oposición con aquel maestro de las extensas áreas emocionales no estriba sino en el concepto que cada uno tiene de la verdad, porque yo también sé que sólo ésta nos pondrá la toga viril, pero mi verdad relativa no es ni puede ser la verdad absoluta y evangélica de aquel ilustre antecesor.

Bajo ese aspecto de la verdad y de la cuestión, sí creo en el poder de perfectibilidad de los sistemas educativos, y así ton, en efecto, todos los que remueven, todos los que movilizan la voluntad de ser y de poder en la conciencia humana, todos los que nos llevan sobre rutas de un indefinido progreso, porque hallan un eco simpático, razonable y permanente en el corazón y en la inteligencia del hombre.

En el siguiente cuestionario, que se publica para aclarar los términos del anterior ensayo, digo:

1. Que el hombre no es moral en virtud de ningún determinismo divino, sino que llega a cierta moral o a cierta relativa equidad, en aras de lo que es útil o conveniente para la especie.

2. Que subyacen en la conciencia humana, predeterminando los actos de apariencia volitiva en el hombre, dos formas imperativas de lo que fue instinto, individualmente utilitaria o predatoria una, específicamente conservadora, y utilitaria, la otra.

3. Que el primero de estos modos imperativos, al tornarse consciente y desplazar en la conciencia sus naturales atributos potenciales, origina el proceso intelectual de un individualismo obligatorio en la misma raíz biológica de la vida.

4. Que denuncia el segundo la obligada interdependencia del «yo» entre el mundo y nosotros, y especialmente entre un hombre y otro hombre, dando origen a la moral relativa que se observa en las relaciones sociales de la especie.

5. Que, en el hombre histórico, por lo menos, casi todo lo que fue un día función del instinto ha pasado a ser función de la conciencia. Que ésta denuncia al presente dos dimensiones, originariamente instintivas: emocional o sentimental, una, intelectual o mental, la otra.

6. Que la primera de estas dimensiones es subconsciente y primitiva, como verdadero estrato del espíritu. Fue el puente que nos sirvió para alcanzar más tarde una magnitud más considerable en el intelecto. Supervive y alcanza un excesivo dinamismo agnóstico, perturbador e inconveniente, bajo el aspecto de sus exageraciones místicas o simplemente altruistas.

7. Que la segunda dimensión, o sea, la intelectual, parte del proceso de la individuación de la conciencia, idéntico al egoísmo, siendo lo emocional una forma excesiva y desnaturalizada de la noción sentimental e intelectual

a la vez del concepto de la interdependencia cósmica y específica del hombre.

8. Que esta dimensión de lo emocional, subyacente en el espíritu, no alcanza, en definitiva, la categoría de lo inteligente y rebasa los límites de las conveniencias humanas, para culminar al cabo de toda actitud que le pertenezca, y después de haber producido, por sus excesos, irreparables daños a la especie, en un hecho positivamente intelectual, en virtud de los imperativos del intelecto que se impone siempre.

9. Que lo emocional únicamente es necesario como móvil de pasión constructiva y aun, a pesar de su falacia, para dinamizar la conciencia primitiva y estática en la forma sentimental que presenta en las muchedumbres humanas, cuya conciencia no reacciona ante ningún estímulo humano inteligente que no esté adscrito de un modo inmediato a la forma más grosera, limitada y primitiva del egoísmo o de la conciencia individual.

10. Que las reacciones de este género individual de rudimentaria inteligencia, propia de las multitudes que ofrecen una extraordinaria capacidad emotiva, tienen un fondo de funesto, sórdido y brutal egoísmo, constituyendo de hecho todos los males que caracterizan el desenvolvimiento de las sociedades presentes.

11. Que propender por medio de una inclinación y de una enseñanza emocional a conseguir un más extenso diámetro de sentimiento en las masas, equivale a cultivar en ellas el estado propicio de conciencia, humanamente irresponsables que las caracteriza, por cuanto creen que la moral y la virtud, simbólicas y abstractas, propias de los dioses y de los hombres, no se han impuesto en la

tierra, merced al egoísmo de sus semejantes, sin considerar que es el suyo, ignaro y de rudimento, propio del instinto casi, la causa de esos males, y equivale también a retardar el hecho de la positiva conquista general e inteligente, de la noción útil de una equidad que se basa en la obligada interdependencia sociológica de los teres humanos.

12. Que la inteligencia debe utilizar el dinamismo multitudinario de la emoción como uno de los factores psicológicos con capacidad para alcanzar y construir determinado punto intelectual de equidad, pero que debe someterlo, asimismo, inmediatamente, a lo que exige el rigor mental de las conveniencias universales del hombre.

13. Que no creo en la igualdad de los poderes mentales humanos.

14. Que creo, contrariamente, en las categorías de la inteligencia y, por consecuencia, en los valores permanentes de las minorías capaces.

15. Que es palpable y único por su fuerza probatoria este postulado biológico: Ser, es luchar; vivir, es vencer.

16. Que no atreverse o no decidirse a observar la vida bajo el aspecto de ese postulado científico, es signo de evidente debilidad psicológica.

17. Que la debilidad nacida de este miedo a la verdad verdadera, dirigiendo las actividades de la mente por un lado opuesto a nuestro predeterminado destino biológico, perturba, subvierte, mixtifica y retrasa el progreso humano.

18. Que bajo ese aspecto de las leyes de la Biología no es posible buscar combinación práctica de ningún género

a nuestros anhelos emocionales, excesivos y erróneos en su propio origen psicológico.

19. Que a un mayor predicamento de la capacidad intelectual sobre la emocional corresponde siempre una suma mayor de bienestar positivo en el pueblo que presenta esa característica. Ejemplo: los pueblos sajones, en oposición a los latinos y orientales.

20. Que estos pueblos sajones cultivan lo emocional secundariamente, supeditándolo de hecho a lo intelectual, y son, por consiguiente, optimistas, fuertes y vencedores.

21. Que, con la conquista de lo emocional, por sí sola, no se llega a otra cosa que a la conquista de una o de muchas palabras o símbolos estáticos y abstractos. Ejemplo: la libertad de Cuba, que conseguimos por ese medio y que ahora no sabemos utilizar de un modo inteligente, ni hacer de ella y con ella otra cosa que dejarla en usufructo de la forma grosera, limitada y primitiva del egoísmo de la conciencia individual, que confina con los últimos grados de la era de involución del instinto.

22. Que todo lo emocional es propio del Arte y no de la Sociología.

23. Que está llegando la hora de establecer un radical distingo entre estas funciones que pertenecen a la fábula, a la ficción o al Arte, y las que corresponden a los elementales principios de los valores inmediatos de la vida.

24. Que el Arte es puro primitivismo, puerilidad, infancia, mucho más hondo y sentimentalmente verídico cuanto más cerca esté el hombre de los primeros pasos de su conciencia, donde una mayor dimensión de capacidad emocional transforma por arbitrio la sustancia de las cosas y aun la del mundo.

25. Que este concepto emocional del Arte, aplicado a la Sociología, convierte al hombre en un animal sublime, cruel, fantaseador, intolerante e incomprensivo.

26. Que será perfectible, adecuada y positiva una educación que dirija su esfuerzo a intensificar en grado cuantitativo las cualidades que son propias de nuestra conciencia, en sus dos modos intelectuales, o sea: la del provecho individual sometido al específicamente conservador y utilitario de la especie.

27. Que no puede formar ambiente ni crear un medio de actitudes positivas y permanentes ninguna forma de educación presidida por las oscuras y excesivas vehemencias del sentimiento, cuyas regias de moral absoluta y divina riñen tanto con lo que fue instinto y es fuente de nuestra conciencia, como con la conciencia misma.

28. Y, por último, que, para ser moral de un modo humano, útil y directo, no es preciso llevar las responsabilidades de nuestros actos ante un dios de este o de aquel credo religioso, sino ante la propia dignidad y positiva grandeza de la inteligencia humana.

El individuo, la sociedad y el estado

Introducción

La aparición de un libro debe estar justificada siempre por alguna circunstancia, en relación con alguna forma de actividad del sentimiento o del pensamiento humanos. Esta verdad de *Perogrullo* alimenta el pueril propósito de inventar el alambique, mas es preciso no equivocarse, porque aquel campeón universal del buen sentido está en trance de realizar su *Parusía* o reaparición regocijada, en medio de un mundo mental que los excesos intelectuales del hombre han convertido en un manicomio. El buen sentido, en efecto, dista mucho de ser esa cosa tan común que los espíritus superficiales sorprenden en todas partes, como si tener sentido de las realidades del mundo fuera tarea baladí, menester propio de los entendimientos más cerrados y vulgares.

No hay tal, aunque así lo entiendan, de común acuerdo, iodos los compadres de la camaradería del saber y de la listeza, que ya se consideran de regreso en el camino de todas las cuestiones que la razón positiva puede proponer, como si esta campechana señora de nuestro entendimiento no mereciera otro homenaje que el del mayor de los desdenes. No hay tal, de fijo y, para ser justos y sensatos, debemos esperar que la resurrección de *Perogrullo*, en medio de esta barahúnda de gentes listas y avisadas, sabias por encima de toda ponderación y de toda humana experiencia, ponga un poco de su gruesa cordura en el barullo de las logomaquias que constituyen el caudal de ciencia de los buenos compadres del saber infuso y caótico, y de la viveza que ya está de vuelta en toda sabiduría.

Este libro, pues, se ampara en los criterios de *Perogrullo* y justifica su aparición en un momento de crisis del régimen social y político del mundo, y del pueblo de Cuba preferencia. Muchos no hallarán los nexos que pretenden unir las formas el de pensamiento universal, del pasado y del presente, con la de cada país en particular, y han de considerar ocioso que se inicie y que se realice tan largo rodeo histórico, para venir a dar en cosas que ellos consideran tan singulares, propias del carácter particular y coetáneo de cada pueblo, y desligadas, por con siguiente de toda clase de vinculación con cualesquiera formas de pensamiento y de actitud no Vernáculas. Esta suerte de filosofía, un poco a la diabla, que no considera autóctono y aislado a cada país, en sus estrechos círculos de sociología y de política, alcanzará, posiblemente, su calificativo justificada de filosofía innocua. Los *listos* creen, en efecto, que la cultura no es cosa de relación y de concatenación, de profundos vínculos humanos y de amplia visión histórica, sino rejuego de intereses y de partidos, de ideas limitadas a querellas de parcialidad aldeana, y de estrecha visión de individuo o de grupo.

Y no es eso, aunque así lo entiendan los que se permiten des deñar el buen sentido que *Perogrullo* puede obtener, como resultado de una compleja filosofía de comparaciones y de ponderaciones expresas, a través de muy largos y muy complicados procesa universales, porque nada hay tan evidente como la realidad de la interdependencia mundial del hombre y el carácter ecuménico de sus formas de interés y de razón.

La edad de la cultura

Quien pretenda regir o dirigir a un pueblo sometido a vicisitudes y vaivenes de la civilización moderna, no puede mi debe ignorar las relaciones de carácter particular y general unen a ese pueblo al concierto de los países civilizados. La edad de las culturas cerradas y de los procesos políticos locales, finalizó al liquidarse la civilización estática de los antiguos pueblos de Oriente, y los modos de nuestra cultura, que se caracterizan por su capacidad progresiva de desplazamiento dinámico, no caben en esa cuadrícula de pensamiento protohistórico de localización cultural.

Cierto que, para demostrar todo esto, es preciso seguir la ruta histórica señalada por los procesos del criterio positivo, es decir, el estudio de las actividades humanas más alejadas de los modos emocionales de ser, tan caros a la consideración y al afecto de la lógica sentimental de las multitudes y de sus apóstoles naturales del idealismo afectivo. Es preciso adoptar la antipática posición de los temperamentos reflexivos, que se proponen llevar alguna luz al caos de conceptos sentimentales en que viven las muchedumbres del presente, en su ciega rebeldía contra todas las formas del progreso histórico, alcanzado por la experiencia secular del hombre. Semejante propósito entraña graves peligros individuales para quien lo sostenga y realice, y contra la opinión corriente de los ideólogos emocionales, que piensan a tono con la multitud y son por esta circunstancia sus ídolos y sus naturales guías políticos y sociales, ocurre que se han invertido ahora los términos del martirologio y del apostolado, cuyas consecuencias desagradables se ven obligados a desafiar los que sostienen puntos de vista opuestos a las corrientes pasionales y anárquicas de las masas. Pero el concepto de la vida como deber, impone su obligación a cada conciencia, si es que esta conciencia se determina y se rige finalmente, por principios, y no por conveniencias, más o menos disfrazadas de un modo pueril en muchos casos.

Los enemigos de la posición crítica que aconseja el razonamiento positivo, deben reconocer, cuando menos, aunque reputen errónea la doctrina de esa razón, la lealtad del propósito que se persigue, con clara conciencia de las desventajas personales que ofrece aquél en medios como el nuestro, donde el fenómeno social del predominio de la puerilidad, confirma el dicho de algunos sociólogos, cuando sostienen que, en rigor, no hay razas ni espíritu de razas en el mundo, sino climas favorables o adverso, para el desarrollo mental y material del hombre.

Esa lealtad no se la pueda, negar nadie a los nuevos apóstoles y mártires, que sostienen como principio el concepto de la existencia como medio para realizar el deber social, rehabilitando la ley moral que considera la vida como una misión, y el derecho a la libertad y a la cultura, como una consecuencia del deber cívico cumplido conscientemente.

Por lo menos, el buen sentido de *Perogrullo*, no, admite que estas cuestiones puedan ser consideradas de otro modo, y aun para apreciar circunstancias presentes y propias de un país cualquiera, entiende que es preciso acudir al único caudal de experiencia que puede utilizar el hombre: a la Historia, en una palabra.

La Historia es, en este sentido, un espejo en el que podemos vernos retratados retrospectivamente. El lector avisado advertirá, en más de uno de los pasajes de esta obra, la singular semejanza que existe entre la conducta cívica del hombre del pasado, en muchas circunstancias, y la de un pueblo como el de Cuba, por ejemplo, porque el vínculo que ala la actitud del hombre actual a lo pretérito es más fuerte de lo que comúnmente parece.

Por lo que veremos a través de las páginas de este libro, las sociedades se mueven históricamente con vista de un interés con temporáneo cualquiera, y con preferencia hacia el interés que re presente el signo de valores de una época dada. Así se observará que a cada una de estas épocas corresponden un sistema de moral práctica y una legislación características, que fijan las obligaciones y derechos de los individuos en los respectivos modelos históricos de la sociedad. Este efecto es el resultado de una causa que obliga constantemente al individuo histórico a acomodar sus actividades empíricas en lo ético, a circunstancia dada y exigida por el conjunto social de las fuerzas que han querido establecer este o aquel estado convencional de sociedad. Una moral objetiva y practica sustituye entonces, de hecho y de derecho, a la subjetiva y teórica, que perdura a título de perpetua aspiraciones de la naturaleza social que deben servimos para establecer el sistema de una moral científica, adecuada a la verdadera naturaleza de la psicología humana, y apta para encontrar los principios de una conducta menos elástica y contingente que la seguida hasta ahora o las sociedades del pasado.

Precisa, pues, crear una sociedad de tipo más justo que aquellas en las que el hombre se ha desenvuelto históricamente, y en el ejercicio de una sociedad científica hallaremos el equilibrio moral que se busca, por cuanto es evidente que la moral es un resultado de las condiciones sociales a que vivimos sometidos, y no la causa del cambio de esas condiciones. Aquélla se subordina a éstas de un modo indefectible, y todo ejemplo de conducta que realice el intento de mejorar con sus únicas fuerzas virtuosas, el desarrollo de una sociedad determinada realizará, asimismo, un sacrificio estéril, porque no se acomoda a la naturaleza moral del hombre esa suerte de heroísmo que es el efecto de una falsa perspectiva, nacida en el error de una ética teórica y trascendente, y en la falacia desorbitada de la lógica de los sentimientos.

La naturaleza moral

Ni el individuo con su razón y su interés singulares, ni los pueblos en conjunto y en último resultado, aceptan ni pueden aceptar aquellas formas de permanente sacrificio, que se compadecen muy mal con las leyes de nuestra naturaleza moral. Los sucesos históricos demuestran que el mejoramiento ético de una sociedad cualquiera, ha obedecido siempre a un cambio en las condiciones sociales de aquellas colectividades humanas, y no ejemplo ni a la enseñanza oral de los apóstoles sentimentales la virtud. La moral objetiva, la moral cierta y vigente en sus imperativos vitales, se elabora en la matriz de las condiciones dadas de un régimen social determinado. De acuerdo con el estado social de su época histórica, codificará ese régimen sus conceptos de moral y los llevará al Derecho, estableciendo sanciones contra aquellas actividades que estime peligrosas para el sostenimiento del sistema.

De esto nace la obligación de acuerdo con un método restrictivo cualquiera, y este método será el producto de circunstancias que en manera alguna han sido reparadas por el valor constructivo de alguna moral teórica, sino que obedecen, por el contrario, a nuevas condiciones creadas por la sociedad en un momento dado. Así veremos cómo, en el transito del Feudalismo a la etapa económica que trae aparejado el dominio del individualismo capitalista, cambian de aspecto los problemas legales y morales de los pueblos que aceptan los nuevos sistemas, y un día llegará, cuando la esclavitud, por ejemplo, deje de ser un factor importante en la vida de las sociedades, en que se considere inicua una institución que fue justificada en sui momentos de mayor provecho social, por los primeros pensadores y moralistas griegos, como Platón y Aristóteles.

La riqueza mobiliària y el dinero, nuevos signos del valor de las cosas, acaban por redimir de su cautiverio al esclavo y al siervo de la gleba, y cuando aquellos valores se imponen definitivamente y someten a su poderío único a todos los hombres, cualquiera que sea la condición social que éstos ostenten, un régimen de igualdad servil respecto del nuevo señor realizará el milagro de traer a la Historia el concepto, moral en lo político y social, de una democracia que no tarda en declarar sagrados e inviolables los derechos naturales del hombre.

Existe, pues, una naturaleza social que permite ser estudiada y sometida a leyes, y una naturaleza moral, objetiva y relativista, que se acomoda a las necesidades de aquélla, y que nada tiene que ver con el libre albedrío ni con el estado independiente y superior de una conciencia humana, propia de un reino nominal aparte en la Naturaleza, y única en sus atributos y poderes sobrehumanos. Ve la primera, que es la causa, se deriva la segunda, que es el efecto, porque parece ocioso decir que la ética conceptual y práctica no es otra cosa que el resultado de nuestro instinto sociable, y que los actos del individuo aislado no pueden producir consecuencias que tengan de algún modo relación con el sentido moral. Somos morales en cuanto somos seres sociales y colaboradores de esa naturaleza social; pero somos a la vez —y en esto estriba la paradoja de nuestra vida bifronte— diferenciados como individuos y con un profundo concepto creado alrededor de los valores de nuestra personalidad humana. De esta paradoja surge que la naturaleza social del hombre no sea la misma que la naturaleza social de la abeja o de la hormiga, y que el sentido de la igualdad y del colectivismo en nosotros no nos conduzca a negar las preferencias debidas a los valores de la aptitud individual.

La educación que ha de alterar el concepto de los valores mora les del futuro no podrá ser dirigida sino a conquistar el verdadero sentido de nuestra naturaleza social y moral. Ya se han realizado en esta dirección muy serios estudios, como los de la escuela pluralista, que no se propone encontrar nuevos sistemas de moral, sino renovados métodos sociológicos más justos y que estén de acuerdo con nuestra naturaleza social. Lo demás, como dice el Evangelio, con una paradisíaca ausencia de sentido común, nos será dado por añadidura. Desconocer que el hecho moral depende del hecho social y del hecho económico, sería negar la evidencia agresiva y predatoria de los estados de necesidad, capaces de conducir a un santo más allá de las fronteras del crimen. Si el instinto de la supervivencia impone condiciones al total de las actividades de Vida, ¿por qué no ha de imponerlas al débil sentimiento de la responsabilidad moral, que entra en conflicto con la fuerza avasalladora de aquel imperativo indeclinable de la existencia?

Una sociedad, justa en lo posible, realizará de seguro el ideal ético que persigue el hombre masa, a través de la Historia. No se tratará aquí de una moral subjetiva, propia para dar satisfacción a los desorbitados anhelos de las élites mesiánicas, sentimentales y crédulas, que han construido en su Universo ilusorio y fuera de la común Naturaleza, un lugar privilegiado para el hombre, sino de una moral práctica y humana en la totalidad de su contenido, nacida del concepto que es posible inducir y deducir del conocimiento científico de la naturaleza del hombre dentro de todos medios, naturales que lo rodean. Sus puntos de referencia, su punto de partida, serán seguros y certeros, en cuanto lo permita el dominio de la ciencia moral, obtenida a base del conocimiento de nuestra psicología y de la obligada interdependencia universal de causas y efectos naturales a que vivimos necesariamente sometidos.

Sabido es que el hombre vulgar no determina su voluntad por principios. Tampoco distingue entre su ideal y su interés. Confunde candorosamente el uno con el otro, y sólo sabe que conoce una misma causa, un mismo impulso, bajo diversos nombres, que en realidad no denominan sino una misma cosa, o sea: los imperativos del interés personal o grupal. Esta naturaleza moral mediocre, que la cultura formal, dogmática, especializada, instrumental, externa, etc., no modifica en ningún sentido, acaba siempre en los mismos resultados, cuando el sujeto de esta condición se propone renovar sus métodos sociológicos y políticos, si esos métodos no traen en sí mismos fuerzas capaces para establecer nuevas obligaciones de carácter moral. Aquel egoísmo que se disfraza comúnmente con nombres que quieren ser representación y significación objetivas de un ideal alcanzado, trasciende a la conducta y dirige la actividad irresponsable de los mediocres, que entran, a calzón quitado y en competencia de puños y de dientes, en el turbio Jordán de sus innovaciones nominales, disputándose la presa arrancada a la voracidad de sus competidores vencidos. Si la sociedad no ha sufrido de veras una profunda modificación en su cultura social y moral y en sus estatutos constituyentes, nada se habrá logrado con esta nominal innovación, como no sea el cambio de algunos nombres e individuos por otras denominaciones y sujetos. Se requiere, pues, que el cambio afecte al fondo de la cuestión social, política y cultural, y no a la forma, sencillamente, porque la moral pública no ha de producirse en grado beneficioso y sensible, si se desenvuelve en medios que marchen en desacuerdo con nuestra naturaleza social.

Son contrarios a esa naturaleza los Estados de carácter centralizador y absolutista, donde los gobernantes confunden de un modo indefectible su ideal y su interés, y los de estructura meramente política, donde el parasitismo de esta clase se alza con las prerrogativas que corresponden al pueblo nominalmente soberano, para manejar aquéllas en su provecho, como si se tratara del disfrute de una cosa sobre la que tiene el poseedor un derecho de propietario eminente.

Para que el hombre común no continúe confundiendo su ideal y su interés, es preciso quitarle toda oportunidad de embrollar confundir los apetitos que suele apellidar santos con las actitudes y los principios abstractos, en cuyas denominaciones se escuda para disfrazar sus instintos predatorios. Es preciso hallar modos coercitivos que no le permitan acudir al perpetuo recurso de la palabra vacía de significación y de propósito moral, para ocultar sus intenciones.

Psicología e individuo

En cuanto consideramos a este hombre como individuo, su psicología bifronte sólo presentará la faz de su interés singular, siempre que el sistema de sociedad en que se desenvuelva ampare sin cortapisas los impulsos interesados del individuo; pero si el sistema no es ese y responde, en mayor o menor grado, a los imperativos de nuestra naturaleza social, una moral objetiva y cierta vendrá a suplir los excesos de la conducta desenfadada que nacía de la extraña confusión del ideal y el interés. Más allá de ese modo individual de ser y de querer, el *common people* prefiere dar satisfacción a los imperativos morales de su instinto social, que impone ciertas limitaciones a los excesos de un insano egoísmo, opuesto al equilibrio de los intereses comunes del hombre.

La Historia demuestra a través de su complicado desarrollo sociológico, que este instinto superior rige la actividad de las comunidades humanas cultas, si no en grado capaz para ahogar de un modo absoluto los impulsos del interés individual, sí en cierta medida, que es mucho más amplio cuanto más se acerca un sistema social dado a la perfección jurídica que reconoce y ampara los derechos de la sociedad, frente excesos del individuo, y los derechos del individuo, frente excesos de la sociedad constituida en Estado.

Ciertamente este proceso no es tan claro que permite adivinar a la primera observación, sus complejas causas y sus definitivas consecuencias. Sólo de un modo panorámico y abarcan extenso conjunto los sucesos y las épocas, podemos reconocer que existe, en efecto, una naturaleza social, del mismo modo que existe una naturaleza física. Como dice Will Durant, luchamos, en todo, con el caos dentro y fuera de nosotros, pero lo caótico en *Sociología* ofrece al conocimiento un número de dificultades mucho mayor que el relativo dominio de las leyes en la Física.

Comprender, aquí, ya no puede llevarnos a la plenitud del placer que viene a ser, según Vinci, la mayor de las alegrías que puede experimentar el espíritu humano; mas esta limitación del conocimiento en lo socio lógico y en lo moral no se opone al dominio relativo de la parte de verdad científica que persiguen las aspiraciones de la Sociología contemporánea, apartándonos de aquellos filósofos ultrasensibles que "han tenido toda clase de sabiduría, excepto sentido común", y que para construir el edificio de su pasmoso saber comienzan siempre por el tejado, con muy buenos propósitos de moral *superhumana*, pero con una ausencia evidente del menor asomo de cordura.

Alejar el problema y ponerlo fuera del alcance de nuestros poderes reformadores de la naturaleza moral, no es resolverlo. Aquí también es preciso separar para conocer, como se hace en toda clase de ciencia. Pero no podemos separar cosas inexistentes o arbitrarias, como la "bondad ingénita del hombre" o las zarandajas evolucionistas de Eucken o de Bergson, sino los factores ciertos que predeterminan y determinan, naturalmente, la conducta humana.

Consideraciones finales

Todo lo que se deja dicho nos lleva a establecer algunas cuestiones como estas:

1. Que no existe una moral abstracta, como cosa en sí, ajena a nosotros, buena e inmutable por sí misma.
2. Que nuestra naturaleza social es la causa de nuestra naturaleza moral.
3. Que la naturaleza social y moral no es la misma en todos los pueblos.
4. Que, a una naturaleza mental superior, en orden a las con quistas de la razón positiva y del humanismo vital, corresponde una naturaleza social superior también.
5. Que los pueblos de naturaleza mental y social inferior tienen también una naturaleza moral inferior.
6. Que solo una Sociedad relativamente justa sera será el hombre relativamente moral.
7. Que es preciso acudir a un sistema docente, racional y positivo, para conquistar el conocimiento de nuestra naturaleza humana y las ventajas que deben derivarse de ese conocimiento.
8. Que los impulsos del progreso social social y moral del hombre no se deben, por lo que la Historia denuncia, a los ejemplos de una conducta regidos por los anhelos de una moral normativa y teórica, si no a las de esa misma conducta, basados en la interpretación y conocimiento coetaneo de la moral objetiva y positiva.

La inteligencia contemporánea ha sospechado todo esto y dirige sus esfuerzos a conquistar esos medios de equidad y de cultura vital, donde ningún interés de individuo o de la clase perturbe el ritmo de las futuras actividades sociales. Se equivocan los que imaginan otra cosa, los que aún tienen puesta su fe de mejoramiento moral en los viejos principios partidarista de la Sociología y de la política, considerando que los ejemplos aliados de la conducta desinteresas puedan persuadir al hombre, para que estos adopten una actitud que solo cabe esperar de los temperamentos excepcionales.

La regla no es la excepción, y en los sistema que dejan a merced de una clase de valor ideal de los símbolos morales y legales, como ocurre en las Constituciones de carácter político, o en las que establecen privilegios a favor de determinadas clase social, lo moral y lo justo no será nunca sino lo que a tal título aproveche el interés del político erigido en arbitro de la equidad; lo que de igual modo convenga, por otra parte, al individuo capitalista, o lo que sirva a los fines de gobierno de las grupos radicales, como viene ocurriendo con el comunismo en Rusia.

La Sociología contemporánea ya sabe a qué atenerse en lo que se refiere a resolución de estos grandes problemas y, al efecto, su santo y seña envuelve cuatro peticiones de principios:

1. Constituciones de carácter funcional y territorial a la vez: de representación directa, en lo posible, de todos los intereses sociales, y no políticas, como las que, comúnmente, nos rigen hasta ahora.
2. Descentralización absoluta del Estado y de sus poderes.
3. Un sistema pluralista que armonice los intereses vitales de la sociedad con los del marco jurídico

del futuro Estado, y que no niegue los Valores de la aptitud personal, pero que tampoco per mita imponer estos valores con perjuicio de los intereses comunes.

4. Una educación certera y vital, un sistema docente propio para acelerar el ritmo transformador y progresivo de estos nuevos estados de conciencia.

Cuando se examina la Historia a través de los criterios positivistas y relativistas, no parece, sino que una nueva luz ilumina los problemas humanos de Sociología y de Moral. Se advierte que una ceguera interesada o voluntaria se ha propuesto desconocer la verdadera naturaleza social y moral del hombre, y que el mejora miento ético sigue una línea paralela a las conquistas de justicia colectiva que los pueblos han logrado establecer lentamente. Los cambios que se operan, en cuanto informan conceptos de beneficiosas reformas sociales, traen inmediatamente aparejado un provechoso progreso ético en las costumbres y en las conductas, al amparo de una legislación que codifica lo que estima conveniente para el sostenimiento de las nuevas formas de sociedad; y cuando alguna porción retrasada de pueblos o de clases se obstina en seguir los criterios de una falsa educación sentimental, opuesta a los modos prácticos de una sociología natural, se advierte, sin esfuerzo, que esos pueblos o clases marchan a la retaguardia de la civilización, sufriendo, en conjunto, las consecuencias de su sentimentalismo y de su ignorancia.

El humanismo vital, la educación que parte de un punto de referencia científico, persigue por oposición a los criterios emocionales y religiosos, el conocimiento relativo de nuestra naturaleza social. El camino que seguir es largo y sinuoso. El caos nos rodea por todas partes, dentro y fuera de nosotros; pero no nos es dado por la misma Naturaleza escoger nada mejor. Vamos así hacia nuestro destino, mientras ilumina las densas tinieblas del futuro la lejana admonición del genial Protágoras, que, a manera de asombroso relámpago, ilumina los cielos de la Crecía clásica, con el acento inconfundible de una verdad que parece ser eterna: "El hombre es la medida de todas las cosas".

Pero la naturaleza social del hombre no es la misma en todas partes cuando no obedece a los mismos hábitos, a las mismas formas de educación y de medios geográficos que han podido predeterminar la adopción y uso de ciertos sistemas sociológicos, o adaptarse a los que se han elaborado de un modo fortuito. No es idéntica por lo menos en la complejidad de los detalles que se separan del núcleo central, constituido por el instinto de sociabilidad di la especie. Esta observación nos servirá para apreciar las enormes diferencias que distinguen a unos pueblos de otros, al estudiar los resultados que ofrecen los imperativos de la naturaleza social de cada uno.

Así veremos cómo, en etapas más próximas al salvajismo y la barbarie, predominan de un modo general las inclinaciones sociológicas gregarias, y la extraña mezcla de moral teórica y objetiva que es propia de estos modos sociales de ser. En otros casos de cultura relativamente superior, donde ya se presentan con toda claridad los impulsos del individualismo, la naturaleza social tiende a ser más o menos solidaria, según que la educación y el sentido la responsabilidad hayan alterado, más o menos también, las inclinaciones individualistas. Hay pueblos que se detienen preferentemente en la segunda etapa, en la de un individualismo exclusivista y feroz, y los de mayor cultura transigen, por lo menos, formas moderadas del colectivismo, que no excluye las prerrogativas razonables de la aptitud individual.

La naturaleza social del hombre recorre, históricamente en un ciclo imperfecto: va de los modos gregarios al individualismo, y de éste, a las formas templadas de colectivismo. Los factores étnicos, geográficos y hereditarios, que entran en juego para producir estas diferencias y la complejidad de las causas que las originan, ofrecen muy señas, dificultades para su localización y estudio. Como hechos, como productos, como resultados, son ándenles, sin embargo, y reclaman nuestra atención, cuando queremos considerar las consecuencias sociales y morales que se pueden esperar de un pueblo, en un momento dado de su evolución social.

A la luz de las consideraciones apuntadas, se estudia, a través de este libro, el proceso de la historia de la naturaleza social del hombre de Occidente. Si en sus páginas se logra señalar de algún modo una parte siquiera de lo que viene a ser nuestra verdad psico lógica, social y moral, habrá alcanzado su propósito, en cuanto quiere contribuir a disipar un poco las densas tinieblas del caos que nos circunda.

El fracaso del capitalismo

La crisis

Los procesos de razón, de interés, de política, de sociología, de educación, de moral, de derecho, etc., que, a través de la Historia, quedan examinados, desembocan en nuestro tiempo, socialmente borrascoso, que inicia una aguda crisis del sistema capitalista, llamado a modificar sus métodos impropios de egoísmo implacable y de violencias espantosas.

Lo que primero se advierte al comparar nuestra época con la de los cambios ocurridos en el pasado, es que nos encontramos en uno de esos períodos de crisis, característicos en la historia de las modificaciones sufridas por la sociedad en el transcurso del tiempo. El signo del valor de las cosas quiere cambiar de un modo insospechado, y estamos presenciando ya los primeros efectos de esa trasmutación que pretende sustituir la soberanía económica del dinero por la del valor del hombre, como agente productor y consumidor a la vez. Los síntomas de la inquietud actual denuncian ese afán que se propone hallar un instrumento de la economía mejor adaptado a los conceptos de la justicia humana en una distribución más equitativa de los verdaderos valores sociales de la producción, y menos susceptible de ser injustamente acaparado y disfrutado por los cazadores de fortunas que los signos fiduciarios de los actuales sistemas.

Hace ya algunos años, a raíz de liquidar los desastrosos resultados económicos de la última guerra y las consecuencias sociales de la revolución rusa, David Lloyd George, agudo estadista inglés, anunció, con certera visión de las realidades, los cambios que necesariamente debían sobrevenir, en los dominios de las finanzas mundiales y en los fundamentos sociológicos de los pueblos.

Ya por entonces, y utilizando un símil afortunado como pocos, Lloyd George proclamó que la corriente desbordada del colectivismo universal requería, no el dique opuesto al desplazamiento de la inundación arrolladora que destruiría a su paso todos los obstáculos, sino el cauce adecuado para remansar las aguas turbulentas y domar sus terribles ímpetus.

Esto, en otras palabras, quería decir que estábamos alcanzando los días en que ya se consideraba imprescindible acudir a los términos de una política prudente, conciliadora, aconsejada por circunstancias propias de la naturaleza inestable de los intereses y credos sociales contemporáneos, y fueron estos consejos de Lloyd George el primer toque de atención que oyó el mundo político y económico de la organización capitalista y plutocrática, en el sentido de adoptar un incruento sistema de transigencias razonables, ante el hecho indefectible del cambio económico y político que se venía operando en la estructura social de los pueblos, en la conciencia de las multitudes universales.

Comprendió Lloyd George la gran responsabilidad que cabe exigir a inteligencias directoras de cada época histórica, y anticipándose a los sucesos de carácter general, que más tarde hemos constatado todos, señaló al mundo de la reflexión y del análisis el derrotero a seguir, en medio de las tinieblas que dé más en más nos circundan, y que presentan cada vez un mayor contenido de urgencia, para su estudio y resolución.

Si es axiomático, en buena doctrina, que todas las formas políticas de un Estado no vienen a ser, en último término y como ya hemos visto, otra cosa que la voluntad organizada y en acción de los individuos y grupos influyentes, claro está y bien se denuncia a la atención de los observadores imparciales, que la voluntad del mundo se dirige a reconstruir, con toda urgencia, sus métodos sociológicos. Frente a este deseo, informe y caótico hasta ahora, no cabe pararse a considerar si las consecuencias del propósito serán, por el momento, más o menos útiles para el hombre, más o menos practicables, permanentes y lógicas, sino si indefectiblemente han de arribar o no a la consecución de sus fines, cualesquiera que sean los obstáculos que se les opongan, porque lo inevitable le exige a la razón, no el remedio absoluto, pero sí la cura de grado que atenúe los efectos del mal incontenible.

Parece obvio, por consiguiente, señalar qué misión tiene encomendada, por el momento, la inteligencia vigilante de los más avisados estadistas y sociólogos contemporáneos, la cual no es otra que evitar, en lo posible, los cruentos resultados de la lucha emprendida, para cambiar la faz de los sistemas generales de la sociología y de la política.

Capital vs trabajo

Empeñada la lucha de clases entre el capital y el trabajo; evidenciado el fracaso general del sistema capitalista que no encuentra solución a los problemas que él mismo se ha creado; perdidos el prestigio y la eficiencia que pudieron aconsejar la suma de privilegios reconocidos; en todas las legislaciones a un sistema que resolvía, su provecho de las comunidades, los problemas económicos de los pueblos, no cabe esperar ahora que toda esa suma de poder, de hábitos mentales, de intereses oreados a la sombra de los beneficios que las leyes amparaban, se sometan de pronto, sin enconada y sangrienta oposición por lo menos, a las nuevas formas del Estado, que la voluntad contemporánea de las masas sociales se ha propuesto construir.

La crisis de semejante situación ya no es la, misma que Lloyd George anotaba, al lanzar bu grito de salvadora transigencia. Grandes cambios, ocurridos desde entonces, han complicado el proceso social de los opuestos intereses de grupos y de clases, y han alejado la posibilidad de toda solución, temporal o permanente. La racionalización de los sistemas productores, en todos los órdenes de la actividad; el *taylorismo* que llega a la realización del hombre mecánico, al servicio de una máquina inteligente, apta para producir al menor costo y provocar la desocupación progresiva de los obreros manuales, en una proporción aproximada de 20 a 100 evitando pérdida de materiales y de tiempo, en provecho de los productos y de la competencia que es propia del sistema individualista de la riqueza; la teoría general del *bastarse a sí mismo*, que elimina de los mercados mundiales las manufacturas extranjeras y los rendimientos agrícolas del mismo origen; la guerra de tarifas que el proteccionismo económico establece, para salvar los productos nacionales de los pueblos, en perjuicio de las poblaciones desempleadas en creciente proporción, sin poder adquisitivo para realizar el milagro que de ellas esperan las plutocracias de los gobiernos actuales.

Las necesidades de los intereses creados en la distribución de la Geografía política de los diversos países, distribución que mantiene en vigor muchos Estados independientes, sin capacidad económica para sostener sus presupuestos de paz y de guerra, en naciones que sólo superviven, como tales, en provecho de las clases parasitarias de las mismas, y a virtud de una ficción que considera estable lo que ya no es sino contingente, en el nuevo curso que siguen los procesos económicos de los métodos actuales; la copia del método práctico de Stuart Chase y de Hoover, con la correa sin fin, para la racionalización de la industria, que diversos países se han apresurado a seguir, intensificando en todas partes el problema de la desocupación de los hombres y la superproducción de cosas que la exigua demanda no puede consumir, acelerando con ello el proceso de la ruina general de las finanzas universales; el reconocido factor de la inter dependencia económica a que viven ahora sometidas todas las naciones del mundo, por cuanto es pueril creer que la economía contemporánea no depende en cada país sino de su propio bienestar; la política de apoyo que en diversas partes se sigue, para alimentar con el último esfuerzo que es posible pedir a las multitudes paupérrimas la lenta agonía de los capitalismos nacionales; todos esos y muchos y muy complejos factores más que sería prólijo enumerar, han pro-piciado la crisis económica que nos envuelve, amenazando al mundo del progreso y de la cultura capitalista con una definitiva catástrofe, que ya se denuncia en la inquietud creciente de las masas, en el ciego anhelo de transformación de métodos sociales que caracteriza a nuestra época.

Cierto que en los países de técnica avanzada, allí donde el gusto al *confort* ha sido generalmente desarrollado, porque una política de altos salarios y el derecho al ocio prudente lo han permitido, la voluntad parece que vacila aún, sin decidirse a experimentar las contingencias de un nuevo sistema, que pondría en peligro las conquistas del progreso capitalista; pero, si como parece evidente, un país tras otro ha de constatar que el sistema del capitalismo ya no tiene solución a qué acudir, para evitar la catástrofe de miseria y barbarie que nos amenaza, no parecerá aventurado conjeturar que, hoy uno y otro mañana, deben ser necesariamente llevados a efectuar el cambio que se espera, y que supone un nuevo trueque del signo de valor de las cosas, sustituyendo la soberanía absoluta del dinero, en la libertad de acción del individuo capitalista, por la de la capacidad productiva y adquisitiva de los grupos y clases sociales, y del hombre en general.

El Estado

La tentativa se dirige por ahora, en lo que sus más amplios sectores denuncian, a conseguir un sistema de colectivismo cualquiera, un régimen que evite los privilegios de las clases acaudaladas, y que represente, de hecho y de derecho, la voluntad de las mayorías, de acuerdo con la razón y el interés de clase de estas. Se había llegado y se está en esto dentro de una ficción, que las fuerzas sociales contemporáneas no quieren tolerar, porque tal situación política no corresponde, ni con mucho, al deseo dominante en las muchedumbres. Es una situación de violencia, que desfigura la verdadera naturaleza de esos deseos, y, por consiguiente, el Estado contemporáneo no viene a ser ya, ni siquiera en teoría, la adecuada expresión de la voluntad de las mayorías. La teoría supone que el gobierno es, dentro del Estado, la máquina que se mueve a merced de la voluntad de las masas, y que las leyes, de fuerza obligatoria para el ciudadano, no son, en último resultado, sino la expresión de esa misma voluntad.

Pero la legislación se aplica ahora en amparo de los beneficios de un sistema capitalista, en plena bancarrota, que ya no responde a las necesidades morales y materiales de los pueblos, en obsequio de una clase favorecida que no sabe cómo evitar las funestas consecuencias de los problemas que ella misma ha planteado. El régimen es una plutocracia disfrazada, que mueve los hilos de la trama económica y política, detrás de los bastidores de los congresos y en las oficinas de los poderes ejecutivos. En estas circunstancias, el concepto de mayor diámetro de bienestar y de equidad, cambia de aspecto, porque el capitalismo individualista ya no puede justificar las preferencias de las leyes del Estado. en obsequio de una clase que carece de aptitud para llenar las necesidades de los pueblos. La voluntad de las multitudes se opone entonces a los privilegios injustificado, y he aquí por qué observamos ahora el cambio a legal que se opera en diversos países, y que ampara, en menor grado cada vez, los derechos de los poseedores.

De las consecuencias de la lucha entablada, se derivan dos que aún no satisfacen las aspiraciones de las mayorías —pero que sí inquietan y desazonan a los favorecidos de ayer. Son meros paliativos, aplicados a males de carácter grave y general, y se resuelven en leyes que benefician a las clases proletarias y menesterosas; pero vienen a ser, asimismo, síntomas evidentes de la voluntad de las masas, que se pronuncian a favor de más radicales reformas, proclamando, de paso, el derecho a la violencia para lograrlas. Desde luego que no todos los Estados tienen la misma oportunidad para imponer su deseo. Los que carecen de libre determinación, por vivir sometidos a regímenes de fuerza, derivados del caudillaje o de otras causas anacrónicas y posiblemente naturales, como producto de la expresión de la psicología de sus multitudes, los Estados de inferior naturaleza social y mental, no hallan fácil medio para imponer, ni relativamente siquiera, los imperativos de sus deseos. Generalmente son la presa propicia de los manejos plutocrático» de las clases acaudaladas; de las exigencias del Fisco, que debe sostener y alimentar el parasitismo político, industrialmente organizado que soportan; y de las taras orgánicas de su estructura étnica, obstinadamente refractarias, por su hibridismo inferior, a las normas del progreso material y de la cultura social y moral.

Estos países son, desde luego, las excepciones de la regla, y en ellos es difícil hallar aplicación a ningún principio que se derive de la experiencia de la sociología o de la política. Pero no por esto dejan de marcar, al unísono, el ritmo. universal del deseo transformador de las muchedumbres, aunque con acento expreso de incivilidad y de anarquía.

Por consiguiente, el problema es uno, aunque vario en la diversidad natural del panorama, y la conducta responsable a seguir por las inteligencias directoras de cada país, cambia también de aspecto. Naciones hay que han de hallarse muy pronto con una cuestión insoluble, al arribar a una solución de carácter colectivista, y en virtud de las diferencias raciales de sus elementos constitutivos. La igualdad, en el colectivismo, tiene exigencias que no permiten establecer separaciones de ningún género, ni siquiera al tratarse del elemental factor de las relaciones humanas, en la convivencia entre los hombres. Por eso en estas circunstancias, al tratarse de la aplicación de reglas sociales y políticas, se hará preciso tener en cuenta, antes, la naturaleza del instrumento que ha de responder a la función que de él se pide, la naturaleza del carácter del pueblo que debe sufrir el cambio. La sociedad se compone de seres humanos, y una sociedad de estos seres, —su gobierno, su moral, sus leyes, su Estado—, no puede ser otra cosa que el producto de su propia psicología, como expresión de su voluntad o de sus apetencias, y el fracaso coronará, por último, el resultado de toda aplicación de principios, que esté en des acuerdo con el estado social y mental de esos pueblos, como ocurre con el sufragio universal en las pseudodemocracias de la América hispano-lusitana.

Remedios

El remedio para estas notables diferencias de condición intelectual de las naciones está en la cura del reposo, en la educación y en el transcurrir del tiempo. Ninguna violencia es capaz de alterar, de modo brusco y milagroso, lo que los siglos y los hábitos, el determinismo geográfico, la herencia y la educación mal dirigida, sedimentaron lentamente en el espíritu.

Por lo demás, y de un modo general, la inteligencia debe propender a crear en cada país o a robustecer en los que existan, los órganos de opinión que tiendan a encauzar, políticamente, el anhelo de las mayorías, hacia la realización de sus fines en el pluralismo, o en otra forma de ordenado colectivismo político, siguiendo el ilustre ejemplo que da a la América del Norte su filósofo John Dewey. Los problemas de la conducta, de la ética y del derecho en este sistema, se ponderarán más tarde, porque son una consecuencia de los cambios sociales conscientes y porque la urgencia de hoy no permite fijarlos y discutirlos.

Sin embargo, no todos los puntos de la discusión acerca de ese futuro social deben ser omitidos por las inteligencias responsables, porque desde ahora conviene fijar un hecho que será inaplazable para fecha muy próxima, y este hecho se refiere al papel que necesariamente ha de representar en el nuevo sistema, un individualismo natural, psicológico, menos desnaturalizado en su esencia que el de los regímenes capitalistas.

Tal misión está llamada a cumplirla, de mutuo acuerdo, sociólogos y psicólogos, porque, en efecto, es infantil presumir que la voluntad y el deseo, instintivamente individualistas del hombre, han de tolerar, por mucho tiempo, situaciones contrarias a sus imperativos naturales. Parece evidente que esa voluntad se decide ahora por un propósito comunista, pero ello ocurre en tanto en cuanto opone, en frente único, y como elemento del capitalismo en bancarrota que reproduce la fábula de Midas.

Otra cosa sucederá cuando las aguas hayan adquirido su obligado nivel, porque entonces la voluntad y el deseo marcharán de nuevo en pos de la igualdad individualista, que entiende por tal igualdad el derecho natural que tiene toda aptitud a desarrollar sus iniciativas convenientes para el individuo, sin otras cortapisas que las que el Estado pudiera oponerle, si las considerara nocivas para la colectividad, y que difiere de la igualdad teórica deseada por algunas de las doctrinas colectivistas, cuando pretenden desconocer todas las jerarquías mentales, encasillando en su cuadrícula gregaria las más diversas capacidades de cualquier género que ellas sean. Más tarde o más temprano, este individualismo consciente que acepta las formas moderadas de un pluralismo social impondrá su voluntad al sistema, y el Estado volverá a ser, si ya no nace con ella la expresión de un deseo que es propia del instinto humano, en lo más profundo de su misma naturaleza.

Momentáneamente y reprimido con inútil violencia, como ha venido ocurriendo en Rusia desde el triunfo del comunismo, podrá parecer que ceja en sus propósitos de crearse el marco social en que ha de desarrollar su destino, pero esto no será sino un forzoso descanso, en la lucha secular que este imperativo de las razas occidentales viene sosteniendo, desde los primeros días de las antiguas comunidades griegas y romanas.

La historia del pensamiento humano en Occidente no viene a ser otra cosa, en último resultado y como ya hemos visto, que la historia de ese individualismo y de sus deseos y propósitos. Frente a las teocracias orientales, de mentalidad uniforme y estacionadas en sus credos religiosos de remoto origen totémico,. la inquietud griega crea la filosofía, diversificando, en el particularismo de las escuelas y de los individuos, las rutas que ha de seguir bien pronto el intelecto europeo. Imperativos del determinismo geográfico, actuando sobre la conciencia de pueblos que se escalonaban en meridianos, forzosamente sometidos al cumplimiento de las más variadas funciones, por la diversidad de climas y de necesidades que ese determinismo impuso, marcaron el sello inconfundible de una acentuada personalidad a todas las actividades espirituales de aquellas agrupaciones humanas, y nos dejaron, por herencia, el legado de esa desbordante individualidad, que siglos más tarde complica y afirma su naturaleza exclusiva, al realizar un feliz encuentro de iniciativas y deseos con las densas corrientes de un estado de conciencia que se conoce en la Historia con el nombre del *particularismo germánico*.

Nuestros más remotos orígenes históricos, señalan, pues, una esencial diferencia de hábitos mentales, que nos distinguen, en los resultados dé la sociología, del gregarismo asiático, de la homogeneidad de los regímenes orientales; y compete al psicólogo tanto como al sociólogo, establecer la significación de lo que tal estado de conciencia presupone, para evitar al próximo futuro inútiles sacrificios, en pro de radicales doctrinas colectivistas que entre nosotros no pueden tener sino un carácter transitorio El sociólogo apunta un hecho y lo constata, como ocurre en este caso de un pronunciamiento casi general de la voluntad, en obsequio de una doctrina comunista; pero la génesis de ese hecho y sus posibles consecuencias, son acaso, más interesantes que el hecho mismo, en los únicos aspectos de su realización.

La tarea que se recomienda a estos especialistas supone que deben reconstruir, parcialmente por lo menos, las complejas e inseguras direcciones del pensamiento social contemporáneo. La educación que de esa tarea se derive, fijará y orientará hábitos que participan ahora del doble aspecto de sus orígenes emotivos e intelectuales, y predeterminará en los estados de conciencia del futuro, reglas de conducta más seguras y menos arbitrarias que las actuales, porque, como advierte John Dewey, no basta el deseo emocional de los temperamentos sentimentales y crédulos, no basta el deseo creador del corazón de *Nut*, para que los hechos se realicen en la medida que los considera placenteros nuestra capacidad emotiva. El mundo objetivo y sus realidades son lo que son y no lo que se le antoja a nuestra fantasía irrefrenada. Con falsos elementos de juicio, se llegará siempre a una falsa conclusión, en virtud de la naturaleza arbitraria de las premisas, y toda asociación de ideas que se realice por ese método, parará, al cabo, en un absurdo.

De la vacilación que nace de ese complejo de juicios emotivos e intelectuales, teleológicos y empíricos, en perpetua oposición en la psicología de los individuos y de los pueblos, adolecen las teorías esperanzadas que se prometen un porvenir arcádico, por el solo hecho de que sería mejor así ocurriese, y siendo extraordinario el número de sujetos que reflexionan así, y en los que el poder de relacionar no encuentra una magnitud apreciable, se infiere que urge también esa tarea de reconstruir el pensamiento humano, con los métodos positivos del humanismo vital por la trascendental resonancia que tiene aquél en la sociología y en la política.

Y, al par que el pensamiento, el lenguaje debe sufrir cambios parecidos, porque no podremos pensar cosas esencialmente nuevas con viejas palabras, de antropomórfica y errónea significación semántica, en este sentido y en la vía que las edades de fe estimaron progresiva para la cultura, adjudicó una naturaleza de tal carácter metafísico al lenguaje, que este vehículo del pensamiento halla, en ocasiones, serias dificultades para hacerse entender por la razón, y, de un modo especial, cuando las palabras no hacen otra cosa que traducir, legendariamente, viejos errores del sentimiento.

El magisterio de la inteligencia vigilante no puede olvidar, en estas circunstancias, el valor instrumental de la cosa con la que se propone obtener un resultado. No puede olvidar al hombre ni las condiciones naturales del mismo que, si no tiene la perversidad supuesta por Hobbes, ni el instinto de rapacidad y de lucha que le asignaron las escuelas materialistas, tampoco es un renunciador, a la manera religiosa de Buda o Cristo, o un racionalista omnisciente, a la manera de Kant.

Dewey ha supuesto, con razones de una fuerza de persuasión insuperada, que el dominio de la moral es *m* al dominio de cualquiera rama de la ciencia, y que solamente con el dominio de la ciencia moral es posible, llegar a los *fundamentos* de una ética razonable y humana. Los realistas del naturalismo quieren que la moral sea copia absoluta de la que ofrece la Naturaleza; y de la escuela de Darwin nace un concepto de la moral de los fuertes, que es la moral de los mejores y más aptos, en el sentido biológico; pero aceptar esto nos conduciría a creer que el espíritu del hombre tiene cerrados todos los caminos, en el sentido de su evolución específica, y nos prestaría re cursos para negar la evidencia histórica del lento, pero progresivo desarrollo moral que se traduce en la conducta humana, comparando las épocas diversas de la historia de ese progreso. También Dewey hace notar aquí el error en que se incurre, al calificar de materialistas y de crueles a las teorías que se pronuncian a favor de un, concepto racional y científico de la ética, a la manera de Levy Bruhl, o de otros investigadores que siguen una teoría semejante.

Hay error en esto porque el hombre es un perpetuo agente de transformación física y ética, y el hecho de que reconozca sus limitaciones y sus apetitos, su humilde origen y la condición predatoria y utilitaria de su instinto, no quiere decir que acepte, como un destino inexorable, su perpetua unión a las inclinaciones de la bestia, porque la educación transforma constantemente su espíritu, y determina, para un futuro eviterno, el proceso de una conducta, de más en más juiciosa y responsable. Sabe que su vida está condicionada, en primer lugar, por las seguridades que le ofrezca el medio social en que viva, y acepta de grado un orden cualquiera que garantice ese derecho a la tranquilidad y al bienestar. Ese orden será mudable como la vida, y exigirá, en cada nueva circunstancia, nuevas adaptaciones. Una moral dogmática, de normas fijas, inspirando una sociología anacrónica y una legislación inadecuada, no puede concebir semejantes cambios, ni justificará nunca ninguna actitud que no esté de acuerdo con sus rígidos preceptos, porque la alta sabiduría que los dictó ha fijado ya, para toda la eternidad, los principios de la conducta.

De la moral ejercida en función de conocimiento nuestra naturaleza social, se derivarán la unidad y la cordura que el pensamiento del futuro exige, para evitar las cruentas e inútiles luchas que ensangrientan al mundo, y para crear más razonables modos de derecho. Muchos hombres han arribados ya, aisladamente, a ese conocimiento, y saben que la transigencia es un principio de moral política cuando las condiciones de la agitación social de un pueblo no han de permitir el mantenimiento de injustificados privilegios. El capitalismo, como clase, ignora ese principio. Está en demasía ocupado con los problemas de la superproducción y de la competencia, sin cuidarse para; nada, como dice Steuermann, de la demanda que el mismo se ha encargado de aniquilar, y sus elementos constitutivos son, por lo común, suficientemente religioso para creer que bastan los métodos deductivos de la moral religiosa y de normas fijas, para zanjar los conflictos que en su ciega terquedad provoca. Una moral de nexos abstractos impropia para el mejor desarrollo del sentido de la responsabilidad social del hombre, conduce inevitablemente a desconocer el verdadero carácter de los problemas humanos, y fia a las normas fijas y a las sanciones religiosas, que a nada obligan, la solución de los mismo.

Lo provisorio de la conducta en los hombres, está justificado en el hecho contemporáneo de que ni siquiera las leyes son suficiente valladar para contener los impulsos de rebeldía. La forma en el ataque a las instituciones deferirá según que se trate de pueblos habituados al ejercicio del derecho, o de países en los que rige el imperativo de la fuerza; pero en unos y otros parece evidente que ha de operarse el cambio, que acaso nos lleve en masa, como ya se ha dicho, al pluralismo o al socialismo de Estado. Los timoratos pueden creer que estamos anunciando la llegada de una era apocalíptica; pero la Historia presenta venerables ejemplos que no pueden confirmar esa sospecha. A virtud del paciente y admirable trabajo de los egiptólogo de nuestros días, a través de la piqueta que maneja el talento de un Flinders Petrie, o de los testimonios y prueba que exhuma un Moret, de las entrañas desérticas de la ribera del Nilo, resucita el pasado legendario del misterioso país de las pirámides, con un vigor y una frescura tal como jamás pudo sospecharlo ni el propio Maspero; y viene a ser ahora cuando se conoce que un largo ensayo de esa forma de evolución social se llevó felizmente a cabo en Egipto, donde su absolutismo fue menos opresor que en la Roma Imperial.

Un *hiatus* inexplicable para los antiguos egiptólogos, un periodo de desorganización y de anarquía que abarca la historia del país, desde la VII hasta la XII dinastía, fue notado por los historiógrafos del último siglo, que dieron cuenta de este suceso, como si se tratara de un periodo ignorado, o cuando más, como correspondiente, en efecto, a la trascendental revolución llevada a cabo por el pueblo egipcio, que conquistó de ese modo sus derechos religiosos y civiles. Por lo que la Historia tiene de ejemplar, cuando ilustra cuestiones palpitantes del presente, transcribo aquí un pasaje de un trabajo histórico reciente:

"La práctica o el disfrute de los derechos religiosos, trajo consigo la participación que todo egipcio pudo tener después en los derechos administrativos y político. Un sistema equivalente al socialismo de Estado se implemente en esta época, a base del servicio público, con miras a la utilidad común. Desde el faraón hasta el último súbdito, venían obligados por este sistema a trabajar en beneficio de la colectividad, en acatamiento general y permanente de los preceptos religiosos y legales, establecidos y alegados sin distinción de personas. Este socialismo de Estado comprende, por clase, a toda la sociedad, en una escala de jerarquías, de aprovechamiento de aptitudes y de especializaciones en la producción, que va, desde el último campesino u obrero industrial, hasta el monarca. El primer paso hacia un gobierno democrático en el mundo se da en Egipto, y con la conquista de los derechos religiosos, que es producto de la revolución, se plantea, en primer término, la cuestión agraria. Al consolidarse el imperio Medio, con la XII dinastía, el campesino adquiere una condición civil, amparada por estatutos legales, muy superior a la que tuvo durante el Imperio Antiguo. En este Imperio Antiguo, el agricultor egipcio no era, ni más ni menos, que un siervo de la gleba, en los días del feudalismo occidental. Pertenecía al suelo, como accesorio o semoviente de la tierra, y debía seguir la suerte de ésta, bajo cualquier donación que hiciera el monarca a un favorecido. Parecida era la condición, en dicho Imperio, de los obreros manuales que, agrupados por equipos de cinco, diez o cien hombres, bajo capataces responsables de la labor, trabajaban para entregar los productos a los almacenes reales. Hemos visto ya que en este Imperio Antiguo, cierta número de obreros y campesinos, pertenecientes a las tierras de los templos y las fundaciones nuevas, cedidas, como en feudo, a los familiares del Faraón, gozaban de determinados privilegios, establecidos en las cartas de inmunidad concedidas a esos templos y fundaciones, y esto progreso jurídico y social, en cuanto establece reglas legales para el régimen público, se hace general en el Imperio Medio, rigiendo la condición de las personas y de las tierras en todo Egipto" (Se trata de un texto de *Historia universal*, en preparación, y en el que colaboramos el Sr. José Nadarse y yo).

Si por las cartas de inmunidad los habitantes de los territorios privilegiados no venían obligados a satisfacer determinadas prestaciones personales, como ocurrió a partir de la VI dinastía, estos privilegios pasaron a ser el modelo en que se calcaron más tarde los que todo el pueblo egipcio debía obtener; y en los estatutos publicados, se señaló a cada habitante su posición en la sociedad y la porción de servicio que debía ofrecer a ésta, amparado, por otra parte, en su derecho, lo cual nos da la impresión de que, en cierta manera, se hizo extensivo al pueblo el régimen exclusivo hasta entonces para los poseedores de cartas, porque tales derechos autorizaban a todo egipcio para vivir del producto de sus tierras o de su empleo; para legar sus bienes a sus familiares, y transmitir su oficio o cargo de sus allegados o particulares, previo el pago del impuesto destinado a sostener las erogaciones del Fisco. Estos derechos que ya en el Imperio Medio alcanzan al de enajenar las tierra y casa inclusive, no podían practicarse sin la previa autorización del monarca, que, en cuanto a la propiedad territorial, era ahora el único propietario eminente, teniéndola el campesino en usufructo, o concepto de cuasi propiedad mediante el pago de un canon establecido y la obligación de cultivar las tierras.

Los artesanos, por su parte, ya no procedían en este Imperio Medio de aquellos que en las primeras dinastías eran seleccionados, para adiestrarse en las prácticas secretas de los oficios, porque al divulgarse los secretos religiosos y entrar el pueblo en la práctica de estos, en virtud de la revolución triunfante, se divulgaron también los secretos administrativos, y la multitud tuvo acceso a todos los oficios y profesiones. Estos artesanos mejoraron también su condición social en el Imperio Medio, y si estaban su jetos a una declaración, el ser empadronados, como las de más clases sociales, y al pago de impuesto; por empadrona miento, eran libres en todo lo demás.

Ciertamente la sociedad egipcia no estaba dividida en castas sociales en este Imperio Medio, porque si el Faraón conservaba la propiedad eminente de las tierras y de los oficios, en representación del Estado, y el campesino y el artesano tenían el derecho de una herencia precaria, nada les impedía, sin embargo, el acceso a otras posiciones públicas, aun a las más encumbradas. El camino común para alcanzar el derecho a llegar a las más altas posiciones era la profesión de escriba. Estos, después de una larga práctica en sus estudios, quedaban capacitados para ocupar un puesto entre los *saru* o notables, entre los cuales se escogían los funcionarios que formaban los Consejos de administración y los tribunales.

En el Imperio Antiguo la Asamblea de los *saru*, se llamaba *Seh*, y estos funcionarios integraban, también, los Consejos de administración o tribunales (*Zazat*), y conocían de los contratos relativos a la propiedad mueble e inmueble; de los empadronamientos de personas y de bienes; de los estatutos o reglas legales para campesinos y artesanos; de las cartas de inmunidad; de las cuentas para la cobranza de impuestos destinados al Fisco, y, por último, de la delincuencia en general. Pero, con el Imperio Medio, cambia la denominación de la antigua asamblea, que ya no se llama *seh*, sino *quenvet*, que significa Consejo, y sus atribuciones se confunden con las del tribunal o *zazat*. Estos *quenvet*, cuyo plural es *qenvetiu*, están distribuidos por distritos en el Imperio Medio y constituidos separadamente respecto de las cuestiones legales que afectan a los sacerdotes, a los campesinos, a los arte sanos, a los marinos, a los soldados, etc., a modo de lejano modelo de distribución administrativa y judicial soviética.

Fallaban los *quenvetiu* las cuestiones referentes a la jurisdicción administrativa, y a los procesos criminales y civiles que caían bajo su competencia, constituyendo una especie de administración local, cuyo orígen arrancaba, a lo que parece, de las primeras dinastías. Las condiciones bajo las cuales le estaba permitido a un hijo del pueblo llegar a esta dignidad de *saru* y de funcionario, son des conocidas en gran parte, ya que se ignora si llegaba a ello a título de mayor contribuyente, por ejemplo, o de otra condición legal, previamente fijada; pero lo que sí es indudable es que la instrucción se exigía como requisito indispensable para ser funcionario, y parece condición haya bastado muchas veces para lograrlo.

Tal sistema condujo a la conquista de una libertad general, condicionada únicamente por el señorío del Faraón, a quien estaban sometido todos los egipcios, permitiéndoles constituirse en sociedad libre y prosperar lentamente, desde la condición de semi-esclavitud en que vivían, hasta la de súbditos liberados y protegidos por la ley. Es en este Imperio Medio cuando se consolidan los derechos y la autoridad de la familia. Los antiguos equipos de cinco, diez y cien personas, que trabaja ban bajo la vigilancia del *kherp* o capataz, son dirigidos ahora por un *rudu* o inspector, que pertenece a cada familia, como cabeza de esta, y a quien se hace responsable del pago del impuesto, del laboreo y distribución de las tierras y del reparto de los oficios.

Dentro de este estado de la familia, la mujer mantiene los antiguos derechos uterinos, que parten de las creencias del clan y de las influencias del matriarcado, y alcanza aún mayores privilegios, preferentemente en lo que se refiere a los bienes de la familia. Sus descendientes continuarán llamándose hijos de tal o cual mujer, antes que hijos de tal o cual varón, y, al contraer matrimonio, el hombre fundará una casa de la que será dueña la mujer, según el título de *nebt-per* que por este contrato se le confiere y cuya traducción literal quiere decir *ama de la casa*, modo de contratación que no ha podido comprobarse durante el

Imperio Antiguo, y título que la mujer casada comienza a recibir desde la dinastía XII. De lo anterior se infiere que el hogar era ya punto privilegiado de la familia egipcia, desde los comienzos del Imperio Medio y que, a pesar de la poligamia, frecuente entre los egipcios ricos, la esposa creadora de la descendencia tenía derechos bien fijados, en su carácter de mujer legal.

La extensa cita anterior nos ilustrara al respeto de ciertas cuestiones que conviene conocer, en relación con los cambios que sufren la moral y las sociedades, dentro de los más remotos orígenes históricos. Por ella comprobamos el proceso de la evolución social y moral, seguido por un pueblo, que, al salir de la vida comunitaria del clan trausmante y fijarse, a perpetuidad, en el terreno conquistado a la naturaleza y a los hombres, cambia el curso de su existencia nómada; constituye un estado de clanes fijos o nomos; se crea un gobierno teocrático y despótico, que desconoce toda forma de libertad individual, y acaba por conquistar los derechos individuales, dentro de los grupos que se establecen en las leyes del socialismo de Estado, después de una terrible y sangrienta revolución, que destruyó y arruino el país, hasta el punto que interrumpe el curso regular de su historia, desde el gobierno de las dinastías *tinistas* y menfitas, hasta el Imperio medio. El ejemplo vale para demostrar que esta forma de socialismo supone la conquista de un progreso moral, jurídico, político y social, de enorme trascendencia, y que la naturaleza del cambio en los métodos sociales hacia aquella suerte de colectivismo estaba aconsejada entonces por las más elementales razones de la noción de la injustica humana.

Pero es preciso no equivocarse, respecto de los resultados de aquella lejana revolución, que son del todo inaplicables a nuestros días. Como advierte el profesor Harold Laski, las medidas de fuerzas de las actuales multitudes inermes, nada pueden contra los progresos de una técnica militar, aunque la anularía o destruiría rápidamente. Ha pasado la edad los motines y de las barricadas, y el ejemplo de Rusia difícilmente se aceptar en la historia, si no se dan con ellas misma circunstancias de pronunciamiento del ejército, de pobreza y de anarquía, que facilitaron en triunfo de la estrategia política de Lenin.

El derecho a la violencia, por consiguiente, no puede ser proclamado por la conciencia responsable de los directores intelectuales de las masas, y menos con el propósito radicar de arribar a una etapa de comunismo o de retroceso protohistórico, que fue propia de los regímenes de las tribus comunitarias. El comunismo, en efecto, no puede tener marco adecuado para permeancia política, fuera de las organizaciones tribales, o tal vez en más remotas agrupaciones todavía, allí donde el hombre no ha despertado aun del letargo larval de su vida de bestia gregaria.

Dondequiera que la conciencia de la propia personalidad haya conquistado un punto más o menos ilustre, el deseo humano, se convertirá, como dice Muller-Lyer, en "una formidable energía impulsiva de la evolución", que busca modo adecuado de prosperar y de manifestarse en los medios sociales que por instinto crea. Por esos imperativos de la individualidad, no se acomodan, de grado, a medios hostiles en absoluto, en los que las reglas de pensar y de nacer estén señaladas ya por el patrón gregario de una dictadura comunista, y sólo perseguirán el triunfo de una teoría socialista que venga a resolver situaciones insostenibles de injusticia y de violencia, semejantes por su iniquidad jurídica, social y política, a las del Egipto teocrático de las primeras dinastías. El espejismo prometedor de un credo comunitario habrá podido cubrir, momentáneamente, las perspectivas libertarias del afán individualista, mas no habrá logrado torcer su curso, ni conducirlo de nuevo al lejano sopor intelectual del hombre primitivo. Lenin justificará con el éxito aparente y transitorio de sus empresas, dirigidas únicamente, por el momento, a *controlar* el poder, la aquiescencia que le presten la multitudes, en señal de ciego acatamiento; pero esto no invertirá el proceso de la marcha ascendente del pensamiento humano, hasta el Estado ideal del viejo Heráclito, hacia el libre régimen social que puede permitir al individuo la mayor suma de armoniacas libertades, como las que se preconizan, por ejemplo, en las doctrinas del pluralismo.

El uso, la academia y las escuelas filosóficas, han viciado y oscurecido la verdadera significación de muchas palabras. Para la mayor parte de las personas, ilustradas inclusive, individualismo y egoísmo tienen una equivalencia tal, que vienen a ser sinónimos, y este funesto error conduce a creer que todas las teorías individualistas, la psicología inclusive, se apoyan en una elástica moral de corsarios sociales. Nada está más lejos de la vendedera acepción de ese vocablo que esta arbitraria definición, porque el egoísmo es vicio que tiende a destruir las estructuras sociales, y el hombre es, antes que nada, por instinto, un animal sociable. Lo que ocurre es que a pesar de eso mantiene en su psicología imperativos tan opuestos al equilibrio de la libertad de los demás, que su razón no le señala otro camino, para garantizar la suya, que imponer a estos imperativos un límite en el cual ya no perturben la actividad de sus semejantes. Para esto pide que la sociedad establezca los modos de poder moderador de energías y de conductas que la garantía de un nivel de igualdad a todas las actividades beneficiosas para el procomún, pero no una dictadura comunista o capitalista, donde por espíritu de clase, por privilegios de casta o a virtud de anacrónicas normas legales, se niegue el derecho natural que todo individuo tiene a la libre concurrencia de las aptitudes, y a los provechos individuales y sociales que el hombre espera de ellas.

De esta anfibología que el uso inadecuado de palabras presta al sentido del lenguaje y a la interpretación del pensamiento, nace la confusión que conduce al juicio general a muy graves, inútiles, cruentos y lamentables errores. Son inútiles y cruentos, porque sin ellos y con ellos la voluntad humana arribará a las mismas conclusiones, y sólo cuando por verdaderos estados de conciencia perduren los conceptos en la psicología modificable de las masas, tendrán éstos la fijeza necesaria y la sanción del conjunto, para mantenerse como verdaderos objetivos de las aspiraciones humanas. Una revolución social, que se incube y se desarrolle con miras que no tiendan a legitimar los indefectibles anhelos individualistas de la psicología del hombre, no conducirá a nada, sino al crimen colectivo e innecesario. Se dirá que el privilegiado del individualismo capitalista no suelta de grado sus privilegios, y que es preciso arrancárselos de las garras ávidas; pero la violencia mal aconsejada y mal dirigida, no cambiará por eso la esencia del privilegio y de la opresión, y al espíritu *manchesteriano* que esgrime, como única razón, la del lucro a todo trance, sucederá la dicta dura de una *Cheka*, que ahogará en mares de sangre las tentativas de libertad individual y social.

Una breve sinopsis del vario valor que tienen los vocablos deformados, por un uso indebido o por inadecuada interpretación de algunas escuelas filosóficas, nos dará una idea del caos que necesariamente debe reinar en el pensamiento contemporáneo, dividido por el influjo de una logomaquia, apenas comprensible para la razón. Sólo un término, INDIVIDUALISMO, bastará para nuestro propósito. Al efecto, véase cómo definen autorizados textos, el alcance de este vocablo.

Individualismo

Definiciones

Real academia española: Sistema filosófico, que considera al individuo como fundamento y fin de todas las leyes y relaciones morales y políticas.

Enciclopedia Espasa: 1- Aislamiento y egoísmo de cada cual, en los efectos, en los intereses, en los estudios. 2- Sistema filosófico que considera al individuo como fundamento y fin de todas las leyes y relaciones morales y políticas poniéndole por encima de todos los valores llamados impersonales, en los órdenes explicativo, práctico o moral. 3- propensión obrar según el propio albedrío, y no de concierto con la colectividad.

Larousse universel illustree: *Sisteme d'isolemet des individus dans la societé; existence individuelle.*

A través de estas definiciones, se advierte la intención de atribuir al individualismo psicológico, un propósito egoísta que está muy lejos de tener, por lo menos en la medida irreflexiva y antisocial que tales interpretaciones denuncian, y que se han convertido en un lugar común del pensamiento vulgar. Sabe esta propensión individualista de ahora, cuando es consciente y no ejercita los métodos rapaces de sus formas más bajas y groseras, que la vida social en toda colectividad, política ordenada, restringe la libertad de algunos, en la medida necesaria al ejercicio de la libertad de los demás, y sabe, asimismo, que las necesidades perentorias de nuestro instinto social, no le permiten sostener el criterio de un egoísmo fundamental de escuela, que destruiría, por la propia base, los cimientos de su obra sociológica.

Pero el individualismo contemporáneo, tiene aún más complejos caracteres, y preeminencias y aspiraciones que guarda con mayor celo todavía que sus simples y certeros postulados sociológicos. Tiene para su uso la riqueza y el lujo del espíritu, tesoro inestimable que no cambiaría por nada, y que instintivamente considera colocado en el mayor peligro, cuando lo ve sometido a la conveniencia o al capricho de cualquier clase de dictadura. Ese mundo admirable del Arte, de la Ciencia de la Filosofía, se siente amenazado e inseguro, dondequiera que el individuo carece de la necesaria libertad para seguirlo o crearlo, y un verdadero intelectual, un creador personal de valores humanos, jamás podrá aceptar, sino a la fuerza, estados políticos donde los modos gregarios de la mentalidad primitiva y comunista prendan silenciar o reducir a su nivel de barbarie, el anhelo superior de las formas de la investigación y la cultura.

Por esta pugna de caracteres y de aspiraciones, que sitúa en dos puntos diametralmente opuestos, a los comunistas militantes y a los intelectuales auténticos, se observa que una creciente enemistad instintiva los separa de más en más. En el catecúmeno del gregarismo incivil de nuestras latitudes, que se distingue, en algunos casos, por su acendrada e ingénita grosería y por su enciclopédica ignorancia, lo primero que aparece, con las naturales y honrosas excepciones de rigor, es una forma ex presa del desdén que siente por el hombre cultivado y superior, y un afán también expreso, que alguna vez ha llegado al incalificable insulto directo, para negar toda suerte de jerarquía mental o moral. Convive, generalmente de buen grado, con el político de matute, a quien secretamente admira, por sus habilidades de parásito social; pero desdeña de un modo olímpico las formas del saber y de la verdadera dignidad.

Estos conflictos intelectuales que confronta la edad contemporánea y que históricamente pudieron ser, en menor grado, conflictos propios de la civilización grecorromana, no debió anotarlos ni siquiera la cultura relativamente elevada de un pueblo como el Egipto de los Faraones, porque los imperativos intelectuales del individualismo, se adentran, por etapas sucesivas, en las entrañas de la historia occidental, y no eran propios del homogéneo espíritu de las antiguas civilizaciones del Oriente.

De la extensa cita histórica que hemos dejado detrás, no se puede colegir, sino que el egipcio dedicó en masa sus energías individuales a la conquista de un bienestar social, moral y político. Se ve que el individualismo, en sus formas más elevadas, medra, pues, lentamente, y el proceso de este crecimiento, en sus modos más urgentes, que son los económicos y políticos, se puede seguir, paso a paso, en la historia milenaria del pueblo egipcio, a partir sus orígenes prehistóricos. EL aspecto de su imperativo intelectuales se observa por primera vez, estructurado en escuelas de profunda filosofía, en los pueblos griegos y sus colonias; pero con tan firme y civilizador propósito, con tan magnífica y perdurable energía, que es preciso no equivocarse, al oponerle, sin reflexión y sin análisis inútiles valladares de teorías comunitarias y simplista, llamadas únicamente a entorpecer el paso decidido de ese propulsor del progreso, que viene a ser nuestro individualismo *hl m* aspecto bien pronunciado de insuperable apetencia intelectual y política.

En conclusión, cabe pedir a las inteligencias directoral el reconocimiento de algunas cuestiones fundamentales presentes, y la aplicación de remedios adecuados, como son:

Cuestiones que considerar

A. Quiebra definitiva del individualismo capitalista. Cumplimiento de su mandato histórico, por insuficiencia de medios para sostener la vida y la cultura de los pueblos. Improcedencia de los privilegios de la legislación, en favor de este sistema en ruina.

B. La revolución social que persigue un cambio de sistema. Ineficacia de su poder técnico y económico y de sui métodos de acción, para lograr el cambio por la violencia.

C. Formas posibles del cambio: El pluralismo. El socialismo nacional. El sindicalismo. El *gaullismo.* El *bolchevismo,* etc.

D. Posición privilegiada y permanente del individualismo psicológico en la voluntad humana, y males innecesarios que produciría un sistema opuesto a los principios de aquél.

E. Problema de la razón y el interés singulares del hombre, de los grupos o las clases sociales, del Estado singular y de los Estados en general.

Remedios aplicables

A. Rápido cambio en los modos de utilización social de la riqueza. Supresión del salariado. Cooperativismo de producción y de consumo. Modificación de los sistemas de la renta y la herencia. Individualismo socialista.

B. Nuevo sistema de enseñanza superior, de acuerdo con los métodos inductivos de un humanismo vital.

C. Eliminación de los falsos puntos de referencia, en toda la forma de enseñanza.

D. Creciente incrementación de los partidos políticos de carácter socialista, para logarla, por la vía de vías de la evolución y del derecho, el cambio apetecido.

Estos y otros complejos factores y remedios pueden ser analizados y aplicados. Lo ideal sería que los primates del capitalismo en bancarrota se apresuraran a reconocer el funesto error de su obstinación, cuando acuden a todos los medios para sostener los privilegios que aun los preparan, pero como esto no ha de ocurrir, sino a través del proceso de una terrible lucha, la reflexión indica que la conciencia responsable, está en el caso de aconsejar la elección de medios cruentos en lo posible, para alcanzar esa etapa que ya vislumbran los pueblos.

La suerte está echada, y la voluntad del mundo, en marcha, se propone, como Cesar, pasar el Rubicón.

Una idea aproximada del proceso seguido por las doctrinas sociales y la importancia de éstas, en nuestros días de crisis capitalista, la da el "Resumen general" de la "Historia del Socialismo", de Harry W Haller cuando dice:

"En las páginas anteriores hemos descrito el pensamiento socialista en todas sus diversas fases de desarrollo, desde el *utopismo* hasta el día de hoy."

"En la fase utópica, como hemos visto, numerosos filósofos y filántropos pintaron una comunidad Ideal, que ora preciso haberla visto para que fuera aceptada."

"No les preocupaba el temor de que la sociedad no estuviese dispuesta para el salto de la propiedad privada de la Industria a la propiedad común; que una clase privilegiada no podría estar dispuesta, como clase, a ceder mis privilegios sin presión, de abajo, y que ningún filósofo, por sabio que fuese, sabría decidir en detalle el género exacto de régimen industrial que un grupo social futuro aceptaría. Pero prestaron un servicio sin par en el hecho de llamar la atención hacia las imperfecciones del sistema industrial y la esforzaron noblemente para indicar cómo vivían los humanos, sobre una base muy equitativa y más fraternal."

Socialismo utópico

A mediados del siglo XIX, el socialismo utópico empezó a ceder el campo al socialismo científico o marxista. Los socialistas marxistas se negaron a describir con palabras cuadros vivos del orden futuro. Insistieron en que la sociedad pasaría de una fase de desarrollo a otra, no como resultado de las fantasías de unos pocos soñadores, sino de la normal evaluación de las fuerzas sociales y económicas, acelerada por la presión de la clase obrera, consciente de sus fines y resuelta a triunfar sobre la clase capitalista y alminar con las clases, y, por consiguiente, con la lucha de clase.

La interpretación económica de la Historia, la teoría de la lucha de las clases y la doctrina de la plusvalía, fueron las piedras angulares de la filosofía marxista. Marx, aplicando su doctrina sociológica a la sociedad capitalista, vio que la industria iba concentrándose cada día en menos manos; la clase obrera aumentando en miseria bajo el capitalismo no reglamentado; las crisis haciéndose cada vez atenta y, por último, el orden industrial fracasando y dando lugar al orden cooperativo. Marx y Engels creyeron que este colapso y el triunfo del obrero se lograrían por la violencia y la guerra civil, si bien, en sus últimos libros, expresaron la creencia de que podría realizarse una transición pacífica en algunos países occidentales.

Unos treinta y cinco años después de la publicación del *Manifiesto Comunista*, hizo su aparición en Inglaterra el socialismo fabiano. Los *fabionistas* ingleses fundaron su economía de la ley de renta ricardiana, mejor que en la teoría del valor por el trabajo. Comprendieron la importancia de los obreros en la consecución del cambio social; pero creyeron que, además, la clase obrera, otros elementos de la población, señaladamente las clases media profesional, podían ser atraídos a la lucha socialista si le fuese presentada debidamente. Propusiéronse la tarea de *saturar* la clase media con el mensaje socialista. Se imaginaron la venida del socialismo como resultado del aumento de la propiedad municipal y federal de la industria, la creciente influencia de la clase obrera en cargos legislativos y ejecutivos, el desarrollo de los movimientos cooperativos de *Trade Unions* y educativos, y el crecimiento de la conciencia social; en resumen, por medio de una democratización gradual de la sociedad en los dominios políticos, económicos e intelectuales. Los principales exploradores en, esta escuela del pensamiento fueron Sidney y Beatrlz Webb y Bernard Shaw.

"La escuela revisionista, que tuvo su origen en Alemania y fue dirigida por Eduardo Bernstein, estaba aliada con la fabiana. El revisionismo fue una tentativa más consciente que el fabianismo, para modificar algunos dogmas de la teoría marxista. Bersntein en particular vio que la lucha de clases se lucía menos intensa; que la condición de la clase obrera mejoraba; que la clase media aumentaba en número, las crisis se hacían menos duras y grandes áreas de la industria permanecían bajo la producción en pequeña escala (Marx había vaticinado que la pequeña industria desaparecería). Para Bernstein lo más Importante del socialismo era el movimiento, mejor que el ideal último. Desde 1890-99, época en que se inició la campaña revisionista, hasta la guerra europea, en Alemania y en otros países del continente europeo estuvo el socialismo recluido en el dominio da la discusión intelectual, si no en organización de partido, por discusiones sobre la publicación del marxismo contra el revisionismo. Las teorías marxistas, hábilmente defendidas por Kautsky, estaban todavía mantenidas como teorías oficiales del partido, mientras, la táctica revisionista fue ganando pacíficamente en las luchas diarias del movimiento".

Los valores del individualismo socialista

El problema

Cuando de alguna manera intentamos penetrar en el complicado proceso de los problemas sociales y políticos, comprendemos con creciente desaliento que, en esta complejidad de cuestiones, es cosa harto difícil orientarse en el laberinto de encrucijadas que son los resultados de una forma de civilización cualquiera, y mucho más difícil aun, decidirse a preconizar teorías constructivas, que resuelvan las situaciones airadas en que coloca al hombre la doble naturaleza de su instinto individual y social, porque este es el verdadero nudo del drama en que se desenvuelve la vida de todas las formas de cultura que se conocen. Si no es un simplismo miope el que preside las actividades críticas del espíritu, la mente se esforzará en vano para descubrir las nuevas direcciones en las que será posible resolver, de manera categórica, los conflictos que surgen de ese nudo dramático, verdadero pecado original de la vida humana.

Comprendemos entonces que sólo en grado es posible esperar una renovación provechosa de las doctrinas que mantienen, por el momento, en constante agitación y turbulencia, por las diferencias de razón y de interés, a los individuos, grupos y clases sociales; y ese mejoramiento colectivo no se halla estructurado en teoría alguna de un modo tan lógico ni con más amplia visión del extenso panorama de las luchas de la especie, como en las doctrinas del pluralismo. Por lo mismo que esta teoría arranca de un concepto jurídico de la existencia social del hombre, sus fundamentos positivos nacen de una apreciación armónica del conjunto de actividades que es preciso equilibrar en poder, en deber y en derecho, para que la vida de la sociedad se desenvuelva con cierto equilibrio moral, sin perjuicio del normal desarrollo del sistema técnico, que ha propiciado esta hora de brillante civilización occidental.

No olvida, no puede olvidarlo, el carácter y las contingencias del internacionalismo, o de la razón universal, que considera al hombre como ciudadano del mundo. Por largo espacio de tiempo, esta forma de razón común ha venido inquietando a la humanidad, con sus piadosas y sensatas urgencias. Los estoicos descubrieron que, en materia de ideología política, era la cosa más digna de atención que podía preocupar al hombre; el cristianismo se apropió la idea y la adaptó a sus modos de fraternidad universal; pero destacando, con gregarios excesos, el valor de una igualdad, emocional e inconsulta, y, en general, la inteligencia y la afectividad humanas, reinciden, constantemente, a través de la historia del sentimiento y del pensamiento, en proclamar la necesidad de instituir en credo único de la especie, esa forma de razón.

Las dificultades que es preciso vencer, para lograrlo, son extraordinarias, y el pluralismo las conoce. Por eso adopta, en sociología y en política, el método inductivo, que va de lo particular a lo general, del interés, en equilibrio, de los diversos grupos y clases sociales, al interés y al equilibrio de un Estado cualquiera, en el conjunto de los demás Estados. Pretende rebasar, en principio, la etapa del agudo nacionalismo, que coloca, por el momento, a cada Estado, en una situación particular de malsano egoísmo, germen de la agresividad económica y política más injustificada, y origen de todas las contiendas que ensangrientan al mundo, y que prestan a nuestra era de civilización el carácter más estúpido, feroz y brutal que conoce la Historia. No preconiza una ética individual, sino más bien una moral de grupo y social, y por cuanto no considera al individuo sino a título de agente de un creciente afán adquisitivo, que se origina en la voluntad de dominio de aquél, quiere substraer a la sociedad de los males que se derivan del individualismo capitalista, transformando los métodos personales que se siguen en la explotación de la riqueza social.

Esta riqueza es, en el concepto del pluralismo, la propiedad común del hombre, y sin negar los derechos de un bienestar mayor al individuo apto, quiere que sirva aquélla, en primer término, a los fines de las necesidades de la comunidad. Para regir los destinos de esta nueva constitución social, no quiere que el Estado tenga un carácter despótico. Pretende establecer, inclusive, la responsabilidad penal del funcionario, que se exceda en el ejercicio de los poderes que tiene atribuidos de antemano, y quiere garantizar de este modo el albedrío y la libre determinación de sus grupos y corporaciones sociales. Política económica territorial, de grupo y de corporación, el pluralismo restablece, en lo posible, la forma representativa directa que tuvo la democracia griega, y quiere que esta representación sea funcional y territorial a la vez. La funcional, representada por los gremios industriales y por las corporaciones de cualquier carácter, tendrá atribuciones consultivas, y las legislativas serán atribuidas a la representación territorial; pero ninguna ley podrá ser promulgada si no obtiene el consentimiento de los cuerpos consultivos.

El pluralismo

El *pluralismo*, desconfía de los hábitos mentales, que se originan en el ejercicio de las profesiones, y considera que la razón y el interés de grupo no pueden producir sino una moral acomodaticia, en la que no cabe otra consideración de equidad y de provecho públicos, que la más conveniente para el sujeto agrupado. Vela, pues, por los intereses del consumidor tanto como por los del productor, y no quiere permitir que ningún grupo o porción de sociedad pueda erigirse en arbitro de los destinos económicos del Estado, estableciendo a su favor monopolios de cualquier clase. Su concepto del internacionalismo tiene forma federativa, y aspira a resolver los actuales conflictos bélicos, que nacen de la pugna de intereses políticos y económicos, bajo la férula de un derecho extraterritorial, garantizado por el interés común de las naciones federadas.

Por lo que se puede apreciar del conjunto de reglas sostenidas por el pluralismo, cabe inferir que éste considera al hombre únicamente desde el punto de vista del ser social, sin fundar mayores ilusiones en lo que puede esperarse de la capacidad moral de los sujetos, ni aun sometidos al influjo de las certeras disciplinas humanistas. El *pluralismo* pretende quitar a la bestia risueña y ceremoniosa que es el hombre, toda oportunidad de producirse naturalmente, sin ataduras sociales ni políticas.

Es una teoría desesperanzada en este sentido, pero pone de su parte todos los elementos racionales para que se cumpla, por medios forzosos, lo que algunos creemos que puede ser realizado, en buena parte, por una educación deducida del conocimiento de nuestra naturaleza social. Es amoral en este aspecto, y no se cuida de ocultarlo; pero es a la vez, por su propia naturaleza, por lo que persigue y por lo que quiere, una confirmación de que existe en la razón singular de las altas inteligencias que lo sostienen, el fundamento de una ética experimental positiva y científica.

Todos estamos en eso: en evitar inútiles y sangrientos conflictos, iniquidades sociales, abusos terribles; y volvemos al tema fundamental de Bentham y de Stuart Mill: lo moral es lo útil. Luego el pluralismo es moral como teoría social, por su utilidad de principios, manifiesta y concluyente. Cierra, teóricamente, todos los caminos que conducen a las actuales luchas de clases; invalida la posibilidad del abuso de poder en el gobierno del Estado, y señala luminosas perspectivas a la razón universal, que pretende imponer sus conceptos de paz y de justicia a los bestiales excesos de los nacionalismos agresivos.

Pero ¿qué suerte le tiene deparada esta teoría a los anhelos del individualismo psicológico? ¿Cómo y en qué medida ha de cumplir aquí el hombre su destino individual?

Sin proponérselo, el pluralismo resuelve el fundamental problema, porque garantiza el cumplimiento de los deberes y derechos del individuo, dentro del grupo o clase a que éste pertenece. Se trata aquí de un profesionalismo individual, en el que todas las actividades personales hallan amparo, dentro del deber y el derecho reconocido a los diversos grupos sociales, ya se trate de los agricultores, los artesanos, de las profesiones libres y de todas las formas de producción o actividad que requiere el estado actual de nuestra cultura, y viene a cumplir, por consiguiente, lo que, si se examina a la luz de los demás criterios sociológicos, acaba en la paradoja de un individualismo colectivista.

Individualismo colectivista

Concilia, en efecto, esta doctrina, dos puntos que hasta ahora parecen opuestos, o sea: al individualismo y al colectivismo, y halla el equilibrio de las tres formas de razón y de interés que convienen al desarrollo armónico de los procesos sociales, en lo que se refiere a la razón *y* al interés del individuo, a la razón y al interés del grupo o clase, *y* a la razón y el interés de un Estado que se crea para alcanzar, en lo posible, el bienestar de todos sus componentes, más la primera y cardinal categoría de razón: la razón universal.

Por lo que arroja el somero estudio histórico que se hace en capítulos anteriores, al respecto de estas formas de razón *y* de interés, se puede percibir, con cierta claridad, que debemos a la falta de equilibrio de estas, al predominio inconsiderado de unas sobre otras, y a la irrefrenada e irresponsable actividad que trae consigo este predominio, los conflictos más sangrientos que ha confrontado el hombre, a través de las etapas históricas ya recorridas. El pensamiento político, les ha buscado solución de mil modos; pero nunca como en el caso del pluralismo se han tenido presentes las fundamentales circunstancias de conjunto que no es posible desconocer, si se quiere alcanzar un satisfactorio resultado, porque la mayoría de los credos políticos *y* sociales, han situado siempre sus teorías en un punto, parcial de razón y de interés, y, preferentemente, a tono con tal o cual vicisitud de un momento histórico circunstante, adverso o peligroso para una *élite* dominadora, para una nación, para una clase sojuzgada, etc. Rara vez la visión y apreciación panorámicas del conjunto de los problemas políticos y sociales, ilumina con tenue claridad la magnitud y el origen de esas luchas seculares y enconadas, y no parece, sino que los elementos de una razón singular, deformada por nocivos hábitos mentales, adquiridos por pertenecer el pensador a determinada categoría social, dirigen la actividad de un pensamiento claudicante y partidarista, incomprensible de otro modo.

El *pluralismo* abandona, por sistema, esas situaciones particulares y privilegiadas, del punto social de referencia único, porque, en efecto, son muchos los factores que es preciso tomar en consideración para resolver, en grado de. mejoramiento, los problemas sociales y políticos. La mirada de esta doctrina es circular y armónica, y si calla de un modo expreso circunstancias tan fundamentales como las que se refieren a la ética y a los impulsos del individualismo psicológico, resuelve en el fondo de su teoría estas cuestiones cardinales, por la virtud armónicamente constructiva de su método, y nunca sistema alguno ha propiciado de mejor modo los caminos que conducen a conciliar las diversas formas del humano interés.

Si como queda probado con el estudio y consideración de los problemas planteados a la conciencia del hombre occidental, por determinismos geográficos o raciales, no es posible concebir hoy medios más adecuados para el desarrollo político y moral del individuo que los de un *socialismo armónico*, donde se desenvuelva, dentro de una libertad ordenada, la aptitud *y* la actividad de todos, será preciso aceptar también que individualismo y socialismo no sólo no se excluyen, sino que son, finalmente, la misma cosa, el mismo principio, idéntica aspiración *y* meta definitiva hacia la cual se dirigen los anhelos intelectuales de una conciencia madura, que pretende resolver los problemas morales del futuro dentro de una sociedad más justa, precisamente equitativa y sabia, porque ha logrado comprender, al cabo, a virtud de los factores determinantes de la inteligencia, lo que el sentimiento ciego y creador de la ética normativa no ha podido sospechar jamás, o sea que el destino moral del hombre de Occidente, no está ni puede estar sino en los modos de un socialismo que concilie los imperativos de la doble naturaleza, singular y social, del individuo occidentalizado.

Y el *pluralismo* es la teoría que mejor concilia esos dos aspectos, aparentemente opuestos, de nuestra doble personalidad, singular y social, porque, oponiéndose al sistema centralizador y absorbente del individualismo capitalista, que rige por medio de la propiedad y del salariado, para su único provecho, la actividad común de los individuos y de los grupos sociales, y a las formas absolutistas del Estado que limitan la libertad del hombre, hasta convertirlo en el dócil engranaje de un maquinismo legal, sin voluntad ni derechos, fuera de los límites señalados por las conveniencias de la burocracia y del despotismo estatal, permite el desarrollo y el libre juego de las energías singulares, realizando el justo principio individualista de "dar a cada uno lo que merece, como resultado natural de lo que se debe a cada aptitud y a cada actividad".

Por otra parte, la razón universal, que vislumbra futuros días de paz y de justicia, como ya se anuncia en el inseguro ensayo de la Sociedad de las naciones, luminosa esperanza de un triunfo del buen sentido en la especie, le será deudora de los más profundos agradecimientos humanos.

¡Ojalá ilumine pronto ese sol de paz y de ventura, los días dolorosos y sin justicia de la triste humanidad!

Conclusiones

¿Qué nos enseña el largo camino histórico, recorrido las páginas anteriores? ¿Qué experiencia es posible deducir de los múltiples problemas, planteados por el desarrollo de esos hechos?

En primer lugar, se observa que un fenómeno sociológico frecuentemente repetido, en el transcurso de los siglos, da carácter de ley a la teoría que considera el curso de la historia humana, como un perpetuo fluir de acontecimientos, determinados por el más absoluto materialismo económico. Confirman estos hechos la teoría que Marx estructuró con profunda lógica, y ofrecen un panorama dramático y rudo, desesperanzado y terrible, de la parte de verdad que nos dejan vislumbrar los sucesos.

Se ha dicho y se ha repetido que esa verdad histórica es muy insegura, y más de una vez se ha pretendido negar su eficacia educativa, ya porque no se repiten nunca los acontecimientos en igualdad de circunstancias, o ya porque se considera dudoso y convencional, artificioso y oscuro, el proceso que se ha seguido, para darnos a conocer la verdad del pasado. Pero si estas presunciones no carecen de fuerza, cuando se aplican al valor relativo de los detalles, son ociosas y arbitrarias, cuando se quieren aplicar a la certeza incontestable de los grandes sucesos históricos, porque, en efecto, a nadie se le ocurrirá negar que el descubrimiento de América, por ejemplo, es un hecho histórico de fuerza incontrovertible.

Y en este sentido de los hechos capitales, que nadie puede negar, la Historia es un espejo donde el hombre de nuestros días puede ver reproducidos su continente físico y sus actitudes intelectuales y morales, lentamente superadas en el transcurso de los siglos.

Esas actitudes recorren etapas en las que es preciso considerar las siguientes cuestiones:

A. Pases de la razón y el interés individuales, características remotas de la civilización occidental, y origen del progreso de esta, diferenciado y eviterno.

B. Aspectos de la razón y el interés de grupos y clases, como formas del desarrollo de un individualismo colectivo, y como factores que facilitan la desintegración de los dogmas religiosos y de los regímenes sociales y políticos.

C. Modos conciliadores de la razón plural y de la razón universal.

D. Camino recorrido por la lógica del sentimiento, y su influjo pernicioso en todas las formas de la cultura.

E. Conquistas intelectuales que debemos a la razón positiva, al establecer los principios de los puntos de referencias lógicos.

F. Persistencia de los imperativos del individualismo psicológico, y los profundos cambios que realiza este imperativo a través de la Historia.

G. Fracaso del individualismo capitalista, y método que lo ha de sustituir, sin perjuicio de reconocer el fundamento biológico del individualismo instintivo.

H. Ineficacia transformadora de toda evolución o revolución, que no se apoya en reflexivos estados de
conciencia, por el conocimiento de lo que son la
naturaleza social y moral del hombre.

I. La cultura como instrumento de la vida integral del
hombre, en su condición de indefectible animal político y económico, y de su naturaleza social y moral
específicas.

El panorama es amplio, y sus líneas generales abarcan una
extensión dilatada, de difícil dominio para el conocimiento;
pero este dominio del conjunto, esta visión panorámica de
la Historia, se convierte, de hecho, en, una exigencia de
imprescindible realización, cuando intentamos construir
algo duradero, en sociología o en política. La Historia no
empieza con nosotros, y el pasado tiene sabias lecciones que
enseñarnos, para descubrir, en las relaciones de la cultura,
las posibilidades del futuro de cada pueblo.

De cuanto queda analizado a través de los acontecimientos
que en este libro se comentan, se pueden inferir cuestiones
tan medulares como las siguientes:

1. Que toda evolución, en el sentido de una superación de valores morales, se debe al predominio de
los conceptos de la razón positiva, obtenidos por el
conocimiento de nuestra naturaleza social y moral.

2. Que el factor más importante de la dinámica social
es el interés de los individuos, de los grupos sociales
y de los Estados.

3. Que la ética no se traduce en actitud ni en conducta,
sino de acuerdo con el relativismo moral del hom

bre, y con el carácter transitorio de Sus necesidades económicas y políticas.

4. Que es posible conciliar los imperativos egoístas del individuo, como ser singular, con los del individuo como Ser social.

5. Que, al hombre, como agente transformador de la moral tal, no le está permitido modificar sino en grado, —y hasta conciliar su interés con el de sus semejantes— sus instintos individuales.

6. Que el *common people*, el hombre común, no reacciona de igual modo y ante idénticos problemas, en todas partes.

7. Que los pueblos de civilización inferior no pueden alcanzar a saltos ni por medios violentos, las etapas superiores de la cultura social y política.

8. Que la moral y el derecho de las sectas y de los grupos, no tienen otro fin que el de servir al interés de los grupos y de las sectas, y que el producto de esta ideología primitivista, constituye un pesado lastre para el desarrollo progresivo de nuestra complicada civilización.

9. Que el próximo destino social y político del hombre, está en un sistema que concilie la razón y el interés del individuo, con la razón y el interés plural de la sociedad.

De un modo más general, todas las cuestiones que este libro plantea están comprendidas en los siguientes conceptos, en los que el lector habrá fijado su atención de un modo preferente:

1. Sociabilidad e interdependencia instintivas y obligatorias del hombre.

a) El hombre como ser social y político, b) El hombre como ser económico, c) El hombre como ser moral. d) El hombre como instrumento de su propia cultura.

2. Prueba histórica de que el progreso moral es un efecto del mejoramiento de las condiciones sociales, inteligentemente preparadas y no una causa de la preparación de esas condiciones.

3. Posición histórica, antigua y contemporánea, de las actividades sociales y políticas del Individualismo occidental, en su carácter de impulso y móvil psicológico, como imprescindible factor de la civilización y del progreso.

4. Aptitudes que adoptan los modos del Individualismo, dentro de los grupos y clases sociales, en la lucha histórica de estos sectores.

5. Caracteres de la razón y del interés sociales, en las etapas de la cultura de Occidente.
   a) Razón e interés singulares e individuales b) Razón e interés de grupos y clases, opuestos entre sí, originando las luchas sociales y políticas, c) Razón e interés plurales o universales, como elementos conciliadores, en las discordias provocadas por los grupos, clases e ilaciones.

6. Ineficacia y descrédito del valor constructivo de loe factores emocionales, en el proceso de la civilización occidental.
   a) Fracaso de la Sociología religiosa en las teocracias y en el cristianismo, b) Fracaso de la política emocional en los credos colectivistas e igualitarios, c) Fracaso de la moral normativa y teórica de los sistemas religiosos. d) Fracaso del Derecho originado en las teorías religiosas.

7. Valor permanente de los factores de la inteligencia sobre los de la emoción.

   a) Las conquistas intelectuales que modifican las estructuras de la sociología histórica, permiten establecer una moral más comprensiva y humana cada vez. b) La *nomotesia* o derecho laico, como forma preferente y permanente de la razón. Origen y proceso de su desarrollo histérico en la conciencia occidental.

8. Peligro social que ofrece la falsa educación, nacida del cultivo preferente de los factores afectivos de la psicología humana.

   a) Los falsos puntos de referencia en la educación religiosa. b) Funestos errores a que nos conduce la educación de carácter afectivo, en sociología y en política, c) Las torpezas, desaciertos y crímenes inútiles de la sociología emocional.

9. El humanismo vital y el cultivo de los modos inteligentes, y no emocionales, del espíritu humano.

   a) El saber dedicado a la vida y no la vida al saber. b) Toda forma de educación debe estar al servicio activo de la vida coetánea del hombre, c) Lo que una educación positiva puede enseñarnos, acerca de lo que es posible f querer y de lo que es posible alcanzar.

10. Todo Estado regido por los sistemas de la política y de la sociología emocionales, debe ser necesariamente tiránico e indeseable.

   a) Exposición de doctrinas de carácter emocional, b) Exposición de doctrinas de carácter intelectual, c) Exposición de doctrinas de carácter mixto.

11. La economía como ritmo regulador de los cambios sociológicos, morales, jurídicos y políticos, a través de la Historia.

a) Del *genus* y de la "gens", al Estado, b) Las nuevas necesidades sociales, creadas por el desarrollo del comercio y de la industria, preparan el advenimiento del individualismo y de la democracia política, c) Del Derecho religioso y gentilicio, al Derecho laico y democrático. d) De la servidumbre territorial en el Feudalismo, a la servidumbre del dinero en el capitalismo de las naciones y de las ciudades libres.

12. Eficacia del signo de valor de las cosas, en la Sociología, en la Política y en el Derecho.

a) La tierra, como signo de valor, en las sociedades gentilicias y en el Feudalismo, es propicia al desarrollo del despotismo patriarcal, de las oligarquías y de la tiranía de la nobleza territorial, b) El dinero, como signo de valor, prepara el camino de la democracia y del individualismo capitalista, y facilita el progreso de la técnica, que transforma al mundo para ofrecer al hombre insospechadas oportunidades de progreso material y moral, c) El hombre como productor y como consumidor, signo por excelencia de los valores contemporáneos, nos conduce, inevitablemente, al establecimiento de un Estado de carácter socialista.

13. Causas del fracaso del individualismo capitalista.

a) Porque ya no está en actitud de resolver los problemas que se ha creado con su excesivo desarrollo, b) Porque dejado de ser la razón suficiente del sostenimiento económico de la sociedad.

14. Necesidad de un régimen de carácter colectivista, que responda a las exigencias del hombre como productor y como consumidor, o sea, como nuevo signo de valor de las cosas.

a) Triunfo de las doctrinas del pluralismo, preconizado por juristas como Duguit y Laski. b) Formas de representación, funcional y territorial, directas en lo posible, c) Individualismo amparado en los derechos de la profesión y del oficio, d) Equilibrio de poderes para que se respeten los derechos del hombre como productor y como consumidor, e) Nuevas formas de Derecho internacional, que evite, en lo posible, los conflictos económicos y bélicos.

Estas cuestiones propuestas con carácter universal, tienen, sin embargo, fines particulares que cada pueblo puede aplicar a su modo, y quien las considere desligadas del común destino del hombre, en toda latitud donde imperen lo» métodos y el carácter auténtico de la civilización occidental, incurrirá en un vulgar error: en la falacia desaprenda del sociólogo provinciano, mentalmente impedido para ¡Sombrar otros horizontes que los de su amada parroquia, de otras perspectivas de más trascendental alcance que las de su política de campanario.

Más allá de la torre de esa iglesia, "pasa algo" que nos interesa a todos de un modo extraordinario, y toda mente responsable debe hallarse preparada para los cambios generales que han de sobrevenir, posiblemente, en un futuro muy próximo.

La voluntad del hombre en marcha prepara nuevos cantaos. Es preciso ver y considerar a qué meta de error o de cordura puede conducirnos ese poderoso esfuerzo renovador de la humanidad coetánea, porque la mente será, en definitiva, el crisol que depure la turbia elaboración de los idearios ciegos y de los apetitos perturbadores y malsanos. Encomendemos, pues, a la dignidad y. a los fueros de la razón humana, la solución de los problemas del porvenir.

Datos biográficos

Fernando Lles y Berdayes, nació en Ceiba Mocha, Matanzas el 31 de agosto de 1883. En 1887 viaja con sus padres a España; allí en Cangas de Onís (Oviedo) realizó sus primeros estudios. Permaneció ocho años en España y regresó a Cuba. Mediante la llamada enseñanza libre cursa el bachillerato en el Instituto de Matanzas y se gradúa en 1918. Se graduó de Profesor de Historia y Geografía Universal.

Actividades como escritor

Participó en la tertulia matancera "Areópago bohemio", entre 1910 y 1915.

Sus primeras colaboraciones aparecieron en El Estudiante, de Matanzas.

En Matanzas funda y dirige las publicaciones:

Alma Latina (1910, en colaboración con su hermano Francisco Lles Berdayes)

El Heraldo de Matanzas (1910-1912)

El Imparcial (1912-1916) y Matanzas (1913)

El Jején (1919).

Perteneció al *Ateneo de Matanza*s, al *Grupo Minorista de Matanzas*, a la *Academia Nacional de Bellas Artes y Letras* y a otras asociaciones, nacionales y extranjeras. Fue un notable conferencista.

En 1920 abandona el periodismo para trabajar en el giro de Seguros.

Premios

Obtiene el primer premio de poesía en el Concurso convocado por el diario El Correo Español de la Habana.

Muerte

Fernando Lles y Berdayes, fallece en Matanzas el día 12 de mayo de 1949.

Al morir dejó en preparación un libro de ensayos titulado «*Nacismo, fascismo, plutocracia, oligarquía, marxismo y democracia*».

Ediciones Exodus

La presente edición de
La razón individual y el individualismo socialista
de Fernando Lles y Berdayes se realizó entre
Barcelona y Miami
en enero de
2019

www.ingramcontent.com/pod-product-compliance
Lightning Source LLC
Chambersburg PA
CBHW031235250726
48655CB00005B/1968